北歐式的自由生活提案

LESS IS MORE

本田 直之
張秀慧 譯

Less is More

為了能自由自在的生活，要試著思考何謂幸福。

Less is More
少即是多

路德維希・密斯・凡德羅（建築師）
Ludwig Mies van der Rohe

前言

生活富裕的日本人為何不覺得幸福？

近幾年，有許多研究機關都發表了世界各國的「幸福感排行」。譬如，根據二〇一〇年的蓋洛普調查，日本的幸福排行位居第八十一名。而在排行中，居於前幾名的都是北歐國家（丹麥第一、芬蘭第二、挪威第三、瑞典第四）。

北歐國家的人民，稅金和社會保險占國民租稅負擔率將近六至七成。其實能實際支配的錢並不多，但卻還是在排行榜名列前茅。

反觀日本的國民租稅負擔率，大概只有四成。能夠支配的金錢充足，生活也比較富裕的日本人，為何不覺得幸福呢？我想，那是因為美國的物質至上主義，讓人很難聯想到幸福吧！

開始覺得日本人所追求的「幸福」有點奇怪，大概是在日本經濟再次面臨泡沫化的二〇〇五年。當時我剛開始過著來回於東京和夏威夷之間的雙城市生活（＝在兩個地方生活）。我一直在想，究竟是哪裡不對勁。（順帶一提，我居住的夏威夷州，幸福指數是全美排行榜上的第一名——根據二〇一一年蓋洛普「全美幸福指數調查」）。

自二〇〇七年開始，我嘗試過雙城市生活，而且每年也會去幸福感排行榜前幾名的紐西蘭或澳洲等國家旅遊。這些經驗讓我有了深刻的體會，那就是如果永遠**抱著舊有的價值觀生活，是不可能會得到幸福的。**

在夏威夷、紐西蘭以及澳洲等國家，生活簡單似乎就會感到幸福；但物質豐裕的日本人卻不快樂……。我往返於這些國家，更感受到之中的差異。

對我來說，原本就沒想過要擁有很多東西，或是希望能開好車。當開始過雙城市生活時，原以為只有自己才感到不自在，或者夏威夷居民的價值觀只會出現在這裡。但似乎並不是如此。

讓我更確定此想法的，是二〇〇七年夏天美國的次級貸款風暴。美國在這數十年間，每隔十年就會擴大百分之二十的住宅空間（*Spend Shift*, John Gerzema & Michael D'Antonio）。滿足了購物慾望的結果，就是家具、家電用品、衣服、飾品或是玩具等大量增加，車子則是越換越大。

只不過，這都是用分期付款（借貸）換來的幸福。當次級貸款出現了漏洞，夢想開始幻滅時，就會什麼都不剩，又或者陷入其中，難以自拔。看起來富裕，內心卻是空洞的，這樣一點也不會快樂。

這樣的生活觀，是來自於假設自己的收入固定，擁有的資產會不斷增值。而在夏威夷、紐西蘭、澳洲等國，生活這件事本來就很單純，因為他們擁有豐富的自然景觀，以及四處旅行的生活型態。不會為了物質和金錢忙碌，反而是把重心放在精神、經驗方面。看起來很純樸，實際上卻過得很豐富。我也認同這樣的生活。

「Less is more」是代表時代潮流的關鍵字！

本書的原書名「Less is more」是出自於德國建築師路德維希・密斯・凡德羅。他與柯比意（Le Corbusier）和法蘭克・洛依・萊特（Frank Lloyd Wright）並列為近代建築三大巨匠。當然「Less is more」是針對建築而言的，但「少即是多」應該也是現在社會所追求的重點吧！

從目前最暢銷的商品就能看出端倪。譬如說，iPhone。不需要使用手冊，憑著直覺就能使用，沒有鍵盤和按鈕等多餘的配備，設計及基本功能十分的簡單。過去所謂的暢銷商品，功能非常的多，使用手冊也是厚厚一本，設計更是豪華。而iPhone之所以受到歡迎，絕對是因為符合了時代潮流。

路德維希・密斯・凡德羅也說過，比起增添設備、裝飾，如何讓設計變簡單，反而最讓人傷透腦筋。這種想法同樣也適用於生活型態上。

像過去那樣拚命工作，拿賺到的錢盡情揮霍的時代，或許因為不需要顧慮太多，所以覺得還不錯。受到廣告、電視宣傳、行銷等的影響，讓我們購買一些不需要的商品，並且相信這就是幸福。

但**如果想要過純樸的生活，就必須認真思考自己的生活與人生。而且最重要的是，必須用「自己的意志」作出選擇。**因為要想出點子幫身邊物品瘦身，所以要追求的，應該是充滿創造力的生活吧！

這原本是日本人最初的想法，但經歷高度經濟成長期，受到物質至上主義的影響，卻慢慢有了變化。

所謂的**物質至上主義，換句話說，就是生活除了被車子、房子束縛外，也會受到物品及場所等制約。**

我們要設法從制約中解放，自由自在的生活。

為了能享樂人生，「Less is more」這個想法是非常重要的。

現在如果還是執意追求過去的幸福價值觀，那麼將是一個不快樂的年代。

當然，還是會有人覺得幸福快樂吧。但就算努力工作、購物、升官、年收入增加，仍然不覺得幸福的人逐漸增加，而原因就如一開始所提到的。

前面所舉的次級貸款的例子，雖然發生在美國，但我們卻絕對不能輕忽。薪水降低，公司倒閉等，原本從沒想過的事現在卻變成了可能會發生在所有日本人身上的問題。我想大家要先承認這個事實。

想得到幸福，現在必須要做的事

就像我在二〇〇五年所感受到的，最近，有越來越多的人為了想追求流行，購買名牌，擁有高級車及豪宅，不得不花費很長的時間通車，忍受緊繃的人際關係，並且繼續做充滿壓力的工作。

但同時，對物質不感興趣的「草食系」世代出現，也是這波潮流的一部分。另外像我這樣，住在自己喜歡的地方，自由工作，過著雙城市生活，也算是順應了潮流。

不要因為廣告和電視廣告的影響，而刻意去迎合某種類型的生活，而是要去思考，對自己最重要的東西是什麼？真正的幸福是什麼？然後由自己來選擇。這才是能否過著幸福人生的重要關鍵。

個人的幸福也是如此，譬如說，就算開創了事業，或是構思了行銷企劃，要是沒有改變幸福的價值觀的話，還是不會成功的。

重要的是，**外表看起來樸實，內在卻相當豐富**。符合現今的社會狀況，靈活的去改變收入來源，而生活、消費的方式同樣也是。換句話說，要有自由且具流動性的簡單生活模式。

為了更堅定自己的想法，我前往位居幸福排行榜前幾名的丹麥、瑞典及芬蘭等國，採訪二十多位當地居民，詢問他們對幸福的看法。根據採訪內容加上我自己的親身經驗，寫出這本書，告訴讀者想幸福生活所必須具備的想法和行動。

自由生活的「新幸福」十條件為何？
富裕的日本，幸福排行榜的名次為何如此落後呢？
想自由的生活，必須改變的是什麼？
想自由的生活，必須捨棄的又是什麼？
想要有新的生活模式，該如何做呢？

本書將會提出關鍵點及答案。
希望各位能擁有新價值觀，並且找到屬於自己的幸福。

夏威夷　本田直之

chapter-01

如果仍抱著舊有的價值觀，那麼幸福不會來

chapter-02

想自由生活就必須改變的事

chapter-03

為了自由生活必須放棄的事情

chapter-04
尋找新的生活模式

chapter-01

如果仍抱著舊有的價值觀，
那麼幸福不會來

為何要學「草食系人」呢？

近幾年，「草食系」年輕人引起相當的注意，他們不喜歡逛街買東西，對旅行也沒有興趣，對戀愛也是抱著不積極的態度。為什麼會出現「草食系」人類呢？我認為這種現象，說明了日本人的「幸福價值觀」正逐漸改變。

在我的學生時代，也就是八〇年代後半，正值經濟泡沫時期。那個時候，我們這個世代被冠上了「新人類」這個名詞：缺乏忍耐力，稍不順心就馬上換工作，沒辦法在同一家公司待長久；而且沒有禮貌，對一般常識及基本的商業知識也不甚了解。社會大眾及公司主管，幫這些人貼上了「沒有前途的年輕人」的標籤。

二十幾年之後，那些認為「新人類沒有前途」或是「一定要再多磨練」的中年人，正面臨著困境。原因是這些當時身為主管的人，雖然具備了優秀的能力，但只能在同一家公司發揮，完全不能到其他公司發展。所謂的移動式能力，簡單的說，就是具有「可以轉職的能力」。當然也有人不會轉換職場，所以「到任何一家公司都能適任的能力」的說法或許更為恰當吧！

過去就職公司的經理和協理或許相當有能力，但只有在某間公司的文化和體制之下，才得以發揮。那麼現在那些人呢？

當我二十歲的時候，他們差不多是三十到四十幾歲，所以現在應該是五十歲後半到六十歲左右。步入退休年齡的他們，如果還能拿到優渥的退休金，那麼倒不用太擔心，但是連過去規模最大的ＪＡＬ（日本航空）都因為破產，而必須使用公司重組法了，那麼我想公司鼓勵提前退休，或是遭到資遣，甚至面臨公司倒閉的人應該也會不少。原本是年收入一千萬日幣的菁英人士，當他們必須屈居在年收入數百萬日幣的主管底下做事，恐怕頂多也只能兼差吧！

那些曾經被主管嫌棄，認為沒有前途的「新人類」，大多具備了能隨時跳槽的技能，讓他們能夠在嚴苛的競爭環境中生存，並且成為公司的重要戰力。這是因為新人類能敏銳感覺出時代的改變，且自然而然地進步。就像達爾文的進化論，無法適應環境的動物會自然淘汰，而可以適應的，就能夠生存下來。

因此，我完全不會否定「草食系」年輕人，甚至認為有跟他們學習的必要。那是因為這些草食男、草食女，非但不追求物質方面的享受，並且養成了儲蓄的習慣，對於事業與生活平衡，以及找出自己的生活型態相當重視。

沒錯，這也是因為他們感覺到時代正在改變，所以才會有此反應。而這個發現，並不是有人告訴他們的，也不是刻意去感受的。不管這是不是年輕世代所希望的，但是為了適應時代的變化，他們會不斷地自我成長。

他們看著拚命賺錢，就只為了可以買很多東西的父母，心中便出現了「這種生活一點都不幸福」的想法。當然，我們新人類的幸福價值觀也跟草食系世代不同，而且也會經常改變。

如果你也有「草食系人不但沒有慾望，而且也不積極，根本成不了大器」的想法，那麼就跟認為新人類毫無前途的前輩們一樣，是一件非常危險的事。因為十年或二十年之後，可能會變得鬱鬱寡歡。

用物質來感受幸福的時代已經結束了

為了寫這本書，我前往在幸福排行榜上名列前茅的北歐國家造訪，以二十幾位從事各種不同職業的居民為對象進行訪談。在訪談過程中，發生了令人印象深刻的事。

訪談時，我一定會詢問受訪者「有想要的東西嗎」，雖然我**問的是「想要的東西」，但卻很少有人回答「東西」**。幾乎沒有人回答「想要車子」或是「想要房子」等物質的「東西」。相反的，最多人回答的是「家人們的健康」或是「希望朋友等認識的人能心想事成」。採訪的內容大致如下：

「希望孩子能有安穩的將來。我並不是因為希望薪水再高一點，或是能買更大的房子，還是更高級的車子，才努力工作的。」

湯瑪斯．佛羅斯特／丹麥／任職網頁設計公司

「沒有想要的東西耶。一旦有所求，慾望就會不斷湧現。我只希望家人能健康，工作可以更有發展。」

艾爾多．德魯納／芬蘭／NOKIA員工

要是問日本人相同的問題呢？當然，世代不同，答案也會不一樣。但我想會回答「東西」的人應該還是比較多吧！

聽完北歐人的回答，我真正體會到，**用物質來感受幸福的時代已經結束了**。

這是因為從物質得到的幸福是難以持續的。譬如說，不管是「買了昂貴的手錶」，或是「買了高級的車」，購買的瞬間確實會十分的滿足，但滿足感卻不可

能一直持續下去。在那之後，每天都還會覺得快樂的可能性應該很低吧！

我在夏威夷住了半年。每年都會探訪幸福排行榜前幾名的紐西蘭、澳洲，以及其他幸福指數較高的國家如北歐等。讓我想在這些國家生活的理由，就是比起物質，他們更珍惜精神、經驗所帶來的幸福感。

另一個有趣的地方就是對北歐人來說，「在人生當中，旅行是相當重要的」。這並不像日本人那種「到外地購物」的旅行，而是「在不同的城鎮生活」或是「到海邊從事水上運動」、「到山中接觸大自然」等經驗的累積。

「想多去旅行，拓展自己的世界。若老是待在同一個地方，生活就會變得枯燥，所以『開發不同的感覺』是很重要的。旅行時，不要只去觀光景點，而是要去體會居住在當地的感覺。這樣就能從不同的角度看自己的文化。」

提姆・莫尼納／芬蘭／作家、翻譯家

最近，旅行業界也已達到飽和，像是「去米蘭買衣服吧」或「去看自由女神像吧」的行程不太容易成行。在過去，國外旅遊並不普遍的時代，單只是去國外，就會有「哇！」的感動和驚奇。但是現在，小時候就已經去過好幾次夏威夷的人並不算少，大部分的人早就習慣了國外旅遊。

在夏威夷也是，以潛水等「水上運動」為目的的旅遊行程，或者是更進一步的、參加像是「檀香山馬拉松」或「鐵人三項」的體驗式旅行逐漸增加。

我覺得，這跟高度經濟成長結束之後，大家渴望擁有更多物質的情形類似。購買冰箱、電視、洗衣機，也買了車子。從原本的一無所有，到能夠購買各種東西的狀態，確實會讓人感到非常幸福。但在「買了所有東西」之後，如果又再買相同東西的話，就不會像當初那麼感動了。即使附加了新的功能，所能感受到的幸福感，以及滿足感也不會那麼強烈。

從物質獲得的滿足只能維持瞬間，但從經驗，以及從經歷所得到的知識，卻會留一輩子。買東西只能暫時滿足慾望，但經驗和體驗卻讓人永遠受惠。

從加法到減法的時代

在世界各國進行民調的蓋洛普市調機構指出，「對年收入兩萬五千元美金以上的人來說，比起購物的滿足，從『經驗』所得到的幸福感要高出兩倍到三倍」。（*Wellbeing: The Five Essential Elements*, Tom Rath & Jim Harter）

你是否也有過這樣的經驗。小時候跟家人一起去旅行，或是其他有趣的經歷很難忘懷；但有關買東西的記憶，似乎很少會記得。我想在買東西的瞬間，一定也很高興的，但……。

在我那個年代，不能隨心所欲的買很多東西。雖然也有冰箱、洗衣機和電視，但沒有錄影機或CD播放機，更別說電腦、行動電話、iPod、DVD了，那仍然是個只會加法的時代。

那個時候，購買東西的本身或許就是個「經驗」。就像是「家裡買了一台彩色電視機！」等這種愉快的經驗。

這是因為現在是什麼都不缺的時代，所以會有「為了買東西而拚命工作，簡直就是個笨蛋」的想法，這是理所當然的。過去是使用加法來生活的時代，但**現在卻是要減少、丟棄才會感到幸福**。

幸福就像腳踏車的輪子。過去的日本把其中一個輪子當作物質（或是金錢），另一個輪子是勞動。所謂勞動的代價，應該就是能得到令人滿意的金錢及物質，那麼幸福這輛車會往前進。在凡事講求加法的時代，只要拚命工作，就能得到物質及金錢，那麼車輪就會順利轉動。

但是現在，努力工作未必能讓人感到幸福。首先，就算拚命的工作也不會賺很多錢。所以個人生活同樣還是陷於失衡狀態，在精神方面得不到滿足，那麼只會留下「之前還蠻順利的，現在怎麼這麼不順」的想法而已。

新的幸福價值觀，並不是從物質得到的，大部分應該是從經驗、精神所獲得的

「幸福感」發生了什麼樣的變化？

+ 1970～1990年代　加法時代

從物質得到幸福的時代

− 2000 年代～　減法時代

從精神、經驗獲得幸福的時代

譬如……

- 事業與生活平衡 ＝不再只有工作，個人生活也要充實
- 旅行 ＝不再是購物行程，而是選擇體驗式行程
- 物質 ＝不再想要高級車，而是選擇環保車
不住別墅，而是選擇不方便的度假屋

(!) 物質的幸福 ▶ 經驗、精神的幸福

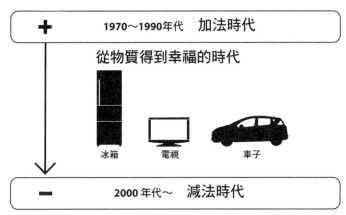

幸福。為了滿足它，需要什麼呢？「時間」就是其中一項。減少勞動時間，朝「除非必要，不做多餘的工作」的目標來做改變。

先不管能否實現，日本的法定工作時間是一週四十個小時，丹麥則是一週三十七個小時。而且法律規定，夏天有四個星期的給薪休假，冬天則有一個星期的給薪休假，總共有五個星期。除此之外，公司還會給一個星期左右的休假，所以工作時數變得更短。

為什麼有這麼多的休假呢？過去丹麥也跟日本一樣，每星期需要工作四十個小時，但因為沒辦法加薪，只好減少工作時間。要是沒這樣分配，整個社會就無法正常運作。

現在的日本正處於過渡期。出現「事業與生活平衡」的說法，就是最好的證明。

北歐的幸福指數成為世界第一的理由

近十年，經常會聽到有關世界各國幸福感排行的話題。尤其是對先進國家來說，「提升幸福感」是相當重要的課題。

譬如說，除了二〇〇八年法國總統沙科奇成立了「測量幸福感委員會」之外，英國首相卡麥隆也提到：「人生不光只有金錢。我們現在**應該重視的不只是GDP，更應該把焦點放在GWB（General Well-Being=整體幸福）」**。（*The Politics of Happiness*, Derek Bok）

許多大學及研究機構都發表了幸福感排行，而前幾名往往都是由丹麥及瑞典等北歐各國所包辦（參考36頁～37頁）。參與此次採訪的人當中，大部分的人都表示「能體會到真正的幸福」。下面介紹其中幾位的採訪內容吧！

「其實平常也不會一直有『好幸福喔』的感覺，但是靜下來思考自己的現狀，便會得到『啊，這裡真是個生活的好地方』的結論。」

克莉絲汀．柏拉拜斯／丹麥／不動產專員

「我想丹麥人應該屬於不太會胡思亂想的民族。沒有地震，也沒有像颱風那樣的天災。能夠自由自在的生活，就算想繼續讀書也沒問題。因為沒有非做不可的事，也沒有壓力，所以不需要拚了命努力……」

安德雷斯．里貝盧貝克／瑞典／任職於Ericsson

「芬蘭人的生活平衡應該維持得相當不錯。那是因為能在大自然與城市間生活，而且能兼顧個人休閒及工作。雖然付出了高額稅金，但能享受到很棒的福利。日本人雖然擁有許多東西，卻仍然覺得沒有滿足，我想可能是維持平衡的能力太差吧！」

中村浩介／芬蘭／家具、雜貨店經營

在採訪過程中，我發現大家都過著相當純樸的生活。他們非常了解該如何善用自己所擁有的東西，能夠在目前的社會中，愉快的生活。

大部分的日本人或許會認為北歐人並不富裕，沒有漂亮的衣服，車子也是開了好幾年的老車。就算有度假屋，也是從改建到打掃等所有雜事都要自己打點。說不定也沒有水電，附近也沒有超市等，位於相當偏僻的地方。

而我印象最深刻的，就是佛羅史帕克・田中聰子的這番話。

「我覺得可以選擇的項目越少，就越容易感到富裕。日本人可以選擇的東西太多，很容易三心二意。但是在丹麥，想找到自己想要的事物非常簡單。而且也很清楚知道什麼才是重要的。」

佛羅史帕克・田中聰子／丹麥／船舶公司職員

正如她所言，現在的日本人因為**有太多能瞬間滿足慾望的選項**。因此為了將

來，必須做出長期判斷時，就會變得手足無措。

譬如在東京，為了打發時間而進去某家店閒逛，就算沒有想要的東西，還是會隨便亂買吧。或者原本對名牌包完全沒興趣，但看了雜誌後，卻突然很想要，這種以短期利益與滿足為優先的傾向常會出現。

相反的，我居住的夏威夷，對物質太過在意反而給人一種俗氣的感覺。因為大海就在眼前，如果還穿得西裝筆挺，開著高級車，根本就沒有意義。要是物質等短期利益的誘因比較少的話，那麼應該就能花更多精力在經驗和體驗的累積。最後當然就會朝新幸福靠近。

另一個讓人印象深刻的，是在Novo Nordisk製藥公司財務部工作的奧托艾爾的看法。

「要是真想奢侈享受的話，就會去吃美味的餐點，或是買高級香檳。但這些都不是必要的，而且也不需要展現給別人看。就算有錢，也不用寫在自己的門牌上。」

佛列迪利克・德托列夫・奧托艾爾／丹麥／製藥公司職員

此想法的基本應該是來自於「詹特法則（Jante Law）」吧。這是每個丹麥人都知道，就像是十戒一樣的信條。譬如說，「不要以為你很特別」、「不要以為你比我們好」、「不要以為你比我們更重要」、「不要以為每個人都很在乎你」、「不要以為你能教別人任何事」等。

簡單的說，就是「**要有自知之明**」吧！

反觀美國等其他國家，成功者會坐著高級轎車，買遊艇，蓋豪宅，認為能夠炫耀這些財富是很棒的一件事。不管是買車子，還是昂貴的手錶，只要能讓物質慾望得到滿足，大家就會這麼做。

北歐各國中，不只有丹麥如此，他們不受到物質至上主義影響的理由之一，或許就是因為有詹特法則的存在。

而北歐和日本另一個最大的不同點，就是完善的社會保險制度。或許你會認為這是因為他們要繳很高額的稅金，所以制度完善是理所當然的。他們的保障包括了，就算生病了也不用支付醫療費用；因為住院而無法工作，也能保有相當的收入；想開始學新事物，學費也是免費的；要是小孩天生有障礙，那麼不光是治療及住院的費用，就連必須在旁照顧的父母的收入，政府也會補助。

「所得高的人要支付相當的稅金，但所得少的人負擔就較輕。或許說不上是平等，但應該由有能力的人來負責社會的安定。這樣就算有任何變數，也能夠維持現在的生活。這讓丹麥人相當的放心。」

麗娜・印亞先／丹麥／男女同權組織員工

「（社會保險制度）是從一開始就存在的，所以如果是長居於此的人，可能會沒有感覺，難免還是會有人抱怨。我偶爾也會因為稅金太高而不耐煩，但

「我覺得，這真的是一個非常好的制度。要是在其他國家推動，恐怕會引起不小的騷動吧！」

比亞・沃夫古／瑞典／瑜珈中心經營者

在丹麥，要是失業的話，可以領到失業保險金，但假設沒有加入失業保險的人，也能領到「就業支援金」。在北歐各國，幾乎看不到遊民。人們也不會因為暫時成為職場上迷途羔羊而感到不安，我想這也促成了丹麥的高幸福感。

但**令人意外的，丹麥的年金制度並不完善**。到了退休年齡，不但無法保證能安享天年，就算是依賴國家支助也根本不夠。

到這裡為止，或許會有「好羨慕北歐國家」的想法。但如果只是等國家改變制度，那麼不知道要等到何年何月。所以我們還是得靠自己。具體的做法為何，我會在第二章、第三章談到。

如此富饒的日本，幸福感排行為何在第八十一名呢？

看看國際幸福感的調查吧！二〇一〇年發表的蓋洛普「世界幸福感調查」，日本居於第八十一名。二〇〇六年英國國立萊斯特大學發表的「世界幸福地圖」中，日本是第九十名，在二〇一一年英國萊加頓研究所的「全球繁榮指數」中，則是第二十一名。

依據調查方法、對象、項目及時期的不同，順位會有所改變，但繁榮指數為世界前幾名的日本，幸福感為何這麼低呢？理由當然不可能只有一個。下面我們將針對與日本人幸福感有關的數據及傾向來做討論。

日本的生活滿意度，從第一次石油危機的一九七三年開始，持續低落了好幾年，之後雖然隨著原油價格會上下浮動，但仍然繼續的緩慢上升，在一九九五年到達顛峰（參考39頁）。在這個時候，一般人還是認為幸福就是經濟富裕，想買什麼就買什麼。

但在那之後，有此想法的人逐漸減少（請參考《日本幸福感》，大竹文雄、白石小百合、筒井義郎編著，日本評論社出版）。從數據可以推測出，在未來的五年至十年，幸福的價值觀將會大幅改變。

另一個非常有趣的，就是稱為「幸福反論（伊斯特林矛盾）」的數據。此數據顯示，在同一國家，當然所得越高，幸福感也越高，但**國與國之間（最起碼是先進國家之間），所得水準和幸福感並無相關**。

簡單的說，幸福感並不是依存於絕對所得，而是依存於相對所得，因此無關乎所得的多寡，而是這個人在其國家及社會的地位而定。換言之，**幸福感是由周遭環境所決定的**。

以日本來說，從一九五八年至一九九八年為止，在這四十年當中，實質支出增加了六倍之多，但生活滿意度並沒有增加。

萊斯特大學
「世界幸福地圖」（2006年）

1.	**丹麥**
2.	瑞士
3.	奧地利
4.	冰島
5.	巴哈馬
6.	**芬蘭**
7.	**瑞典**
8.	不丹
9.	汶萊
10.	加拿大
11.	愛爾蘭
12.	盧森堡
13.	哥斯大黎加
14.	馬爾他
15.	荷蘭
16.	安地卡及巴布達
17.	馬來西亞
18.	紐西蘭
19.	**挪威**
20.	塞席爾
23.	美國
35.	德國
41.	英國
62.	法國
82.	中國
90.	**日本**

萊加頓研究所
「全球繁榮指數」（2011年）

1.	**挪威**
2.	**丹麥**
3.	澳洲
4.	紐西蘭
5.	**瑞典**
6.	加拿大
7.	**芬蘭**
8.	瑞士
9.	荷蘭
10.	美國
11.	愛爾蘭
12.	冰覽
13.	英國
14.	奧地利
15.	德國
16.	新加坡
17.	比利時
18.	法國
19.	香港
20.	台灣
21.	**日本**

在大部分的排行上，
北歐各國的名次都位居前面。

各種幸福感排行

蓋洛普
「世界幸福感調查」（2010年）

1. 丹麥
2. 芬蘭
3. 挪威
4. 瑞典、荷蘭
6. 哥斯大黎加
8. 加拿大、以色列
12. 巴拿馬、巴西
14. 美國、奧地利
16. 比利時
17. 英國
18. 墨西哥、土庫曼
20. UAE
21. 委內瑞拉
22. 愛爾蘭
23. 波多黎各、科威特、冰島
26. 哥倫比亞、牙買加
28. 盧森堡
30. 千里達及托巴哥、阿根廷、貝里斯
33. 德國
40. 義大利
43. 西班牙
44. 多米尼加、法國
56. 韓國、波蘭
70. 哈薩克斯坦、台灣、葡萄牙
73. 俄國、烏克蘭、羅馬尼亞、斯洛伐克
81. 伊朗、香港、新加坡、日本

此種現象的解釋之一，就是人類能夠適應新的環境。如果所得增加，幸福感就能提高的話，那麼這個目標就太容易達成，而幸福感也就變得沒那麼強烈了吧。就算不斷買東西，幸福感還是無法持續下去。這應該就是日本現有的狀態吧！

另外一種解釋是，人們的刻板印象認為收入高的人理當過著富裕的生活。「年收入有一千萬或二千萬日圓的話，就應該要開這個等級的車，住在這樣的豪宅，在這種高級餐廳用餐」，這都是傳統的看法，而在日本，現在仍留有這種古老的想法。

在國外，此想法卻慢慢有了改變。譬如說，就算是賈伯斯（Steve Jobs），也都是穿著黑色高領衫。擁有鉅額資產卻住在簡樸的房子裡，沒有過著擁有遊艇的奢侈生活。臉書創辦人馬克・祖克柏（Mark Zuckerberg）也是如此。

最近，不光是奢華的高價商品會吸引人，與環保相關的商品也慢慢引起注意。像減少廢氣排出的環保車受到注目，也是符合了環保潮流。

其中接受採訪的奧托艾爾，為了取得MBA學位，曾經在日本的一橋大學留學

幸福的反論：日本

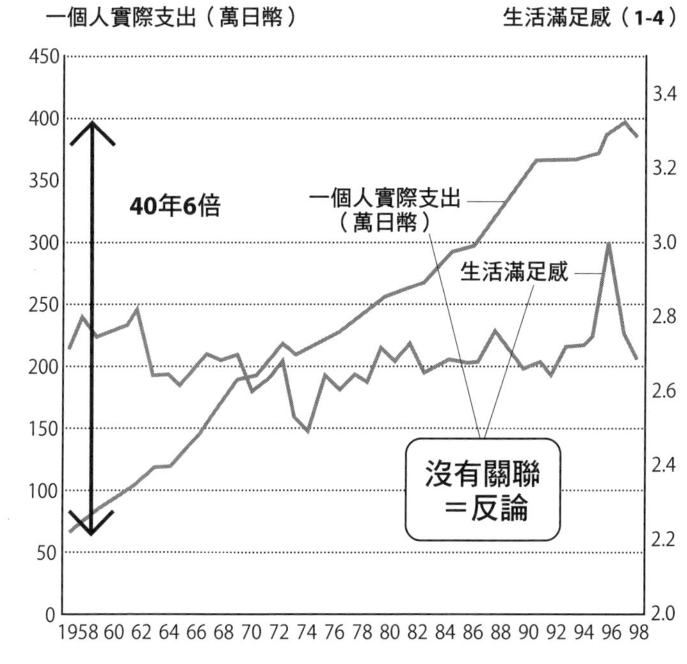

四十年間，實際支出成長六倍。
但生活滿足感卻沒有上升。

（出處）《日本幸福感》（大竹文雄、白石小百合、筒井義郎編著／日本評論社）。生活滿足感是用World Database of Happiness網站，而一個人實際支出是用國民經濟統計與國勢查網站的數據統計而成。

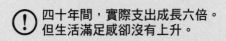

過。他說出對日本的印象：

「雖然也有文化及政治等構造層面的原因，但我想日本有太多的限制，沒有辦法按照自己想走的方向前進。因此，每個人只能各自努力，希望在工作上能有所發展，但即使如此拚命，也很難讓自己感到幸福。」

佛列迪利克・德托列夫・奧托艾爾／丹麥／製藥公司員工

日本是一個物質豐饒的國家，只不過限制太多了。日本幸福感偏低的原因，或許就在於此吧！同樣也曾在日本生活過的比爾・沃夫古，則有這樣的印象。

「日本人太忙碌了。應該要減慢速度，讓生活步調不要那麼緊湊。而且工作與社會的壓力太過沉重了。」

比爾・沃夫古／瑞典／瑜珈中心經營

不是把金錢換成物品，而是把技能轉換成金錢

美國在數年前曾經流行過「Affluenza」這種說法。這是「**affluence**（富裕、豐饒）」加上「**influenza**（傳染病）」的新詞，也就是「**消費傳染病**」的意思。

不需要的東西一件接著一件買，要是自己的家或東西比別人差的話，馬上就想買新的東西。為了維持富裕的生活，當然需要長時間的工作，雖然薪資水準沒有降低，但借貸和自行宣告破產的情形卻增加了。對當時的美國來說，是一個非常嚴重的問題。

而對日本來說，尤其是三十五歲以上，經歷過泡沫經濟時期的人，更是深受消費傳染病的影響。

但草食系的年輕世代卻開始察覺到「事情不該是這樣的」。只不過，當父母親和周遭的長輩們表現出「不可以成為草食系，不會有出息的」的態度，他們又會對自己的判斷產生動搖，然後再度受到過去傳統幸福觀所影響。不知所措的草食系世代，真的非常可憐。

就像剛剛提過的，賈伯斯沒有擁有太多東西。我想基本上，他是**否定物質至上主義，並且崇尚嬉皮文化的理想主義**。同樣的，我覺得**日本的年輕人，已經從物質主義慢慢轉變為理想主義了**。比起追求金錢，更希望自己對社會有所貢獻，而白手起家的年輕企業家逐漸崛起，應該也是順應了此潮流。

最近我看到一本相當有意思的書，書名是《一整年不用錢》（*The Moneyless Man: A Year of Freeconomic Living*）。一位二十九歲的英國年輕人，進行一整年不花任何錢的生活實驗。所有生活用品都親手製做，交通工具是腳踏車，並且利用交換不要的物品來生活。他把這些點點滴滴寫成了這一本書。

為了生活，求生技巧當然很重要。當我讀完這本書之後，卻覺得讓一無是處的物品產生價值的能力是我們更需要的。

夏威夷和紐西蘭的居民現在仍會把自家庭院種的水果分送給鄰居，或是用釣到的魚來交換其他食物。但我所說的求生技巧並不是這種，而是不花錢，把生活技巧教授給大家，然後換來一些東西，或是提供按摩這種能力及服務，來換得一餐飯的招待。

要是發生像東日本大地震這種災難的話，就算有再多東西或金錢，也派不上用場。但如果有這種能力，就能夠生存下去。相反的，要是不具有可提供他人的價值，那麼就不能保證將來可以存活下來。

這一本書，讓我們思考除了足夠的金錢外，真正的自由和新幸福是什麼？目前對過去的幸福價值觀正在轉變。我想再過二十、三十年後，這些被稱為草食系的年輕人當中，或許會出現完成偉業的人。這是因為他們不被過去的常識所束縛。

說不定我們能看到這突破性的進展，並見證這有趣時代的揭幕。

需要的是「增強能力」及「管理自我」

我並不喜歡「事業與生活平衡」這句話。

事業與生活平衡也就是「在工作及生活之間取得平衡」的意思，根據政府相關機構所下的定義：「每一位國民在能滿足成就感，以及獲得充實感的情況下工作，而且不但能擔負起工作的責任，在家庭與社區生活當中，也能因應育兒期、中高年期等人生各階段，自行選擇、實現各種不同的生活方式。」

定義本身相當的完美，短時間且有效率的工作就會產生不錯的成果，要是希望成果更好，那就要付出更多的努力，這樣才能維持工作和生活之間的平衡。

但就實際情形來看，這個觀念只有在「希望確保工作和生活之間平衡」及「希望能有有薪假」等，強調自己權利的時候被使用。就是因為有許多人濫用它，所以我才不喜歡這句話。單純因為不想工作就減少工作時數，那麼成果也絕對會打折扣，這樣的惡性循環會不斷出現。

當然，既然主張了權利，那麼就不能像過去那樣悠閒的工作。公司自然會改變體制，希望員工能在短時間內，達到跟過去一樣的成果。沒有能力的人，最後一定會被解雇吧！

十分重視勞動者權利的義大利，也希望能夠鬆綁解雇規定。但要是工作成效不彰的話，根本沒辦法談什麼事業與生活平衡。

一星期工作四十個小時，大概是清醒時間的一半，也就是說人生當中，必須花相當多的時間工作。要是投入了這麼多的時間，卻沒有任何成果，當然也不可能得到公司的認同。難道這就幸福嗎？就算認為「工作時間減少了，個人生活就比較充實」，但要是在工作上沒有得到滿足的話，個人生活應該是不可能開心的。

另外，經常會發生「雖然有了私人時間卻無事可做」的情形。假設跟家人相處的時間變多了，卻又因為時間太多了，家人們可能會有「最近老爸怎麼老是無所事事的待在家裡」的反應，我想這應該不是幸福吧！

擁有自己的時間，就是賦予「自由」。而所謂賦予自由，就是必須做好自我管理。要是連自我管理的能力都沒有，卻想得到幸福，那麼恐怕只是隨便說說吧！

因此，必須要改變原有的幸福價值觀。但在那之前，我們必須掌控好自己的生活型態。即使工作時間變短，效率還是要好，這樣工作及個人都能得到滿足。要是所有事情都不能順利連結，那麼就不可能有真正的幸福。

我覺得北歐人在這個部分，做得非常好。

「（理想的生活型態）是要讓自由時間和工作維持相當的平衡。我是因為喜愛、因為開心才去工作的，也希望能同時兼顧到個人生活。想在郊區買房子，生小孩，過著寧靜和平的生活。」

佛列迪利克・德托列夫・奧托艾爾／丹麥／製藥公司員工

從另一個角度來看，對有能力，以及能夠做好自我管理的人來說，或許現在的社會要比過去的，更容易提高幸福感吧！

對常識感到懷疑的人增加，就會變得很難去制約他們了

想要感受到幸福，「自由」是非常重要的。就像前面所說，這包括了物質、精神及時間上的自由。因為時代改變了，所以我們也必須跟著改變。若是被過去的常識所束縛和影響，就無法體驗新的幸福。

從某方面來看，被常識束縛反而會比較輕鬆。譬如說，如果每天都穿制服，那麼就不需要天天想該穿什麼衣服，只要被束縛，就不必自己思考，也不用努力。每天在相同的時間去公司，順利的把工作完成，主管離開公司後再回家。然後，公司會支付薪水，並且負責處理納稅及福利保險等。

因此，會連「為什麼要在固定時間上班呢」及「為什麼主管沒離開，我就不能走呢」等所謂的常識都不再感到懷疑。要特別小心，這種情形是非常危險的。

譬如「房子」也是如此。「房子只要一間，而且要住在大城市，並且要在這個大城市工作」，對於在東京工作的人來說，這是理所當然的吧。但請試著懷疑它。那麼或許你會注意到還有另一種選項：平日住在市中心的小公寓，周末則前往適合自己生活型態的地方居住，也就是**「雙城市生活」**。

若依照過去的價值觀來看，周末的家通常就是「別墅」。傳統的印象中，別墅通常是位在輕井澤，而主人偶爾可以去打高爾夫。擁有別墅只是一種狀態，而且是在物質至上主義的時代，為了有錢人所存在的。所以請試著捨棄「別墅」的這種常識。

所謂的雙城市生活，並不是除了平常居住的房子之外，還要有一間別墅的意思。而是像在山中過著野外生活，或是在海邊衝浪等，要有另一個能讓自己的生活更加充實的地方。

雙城生活與度假的不同

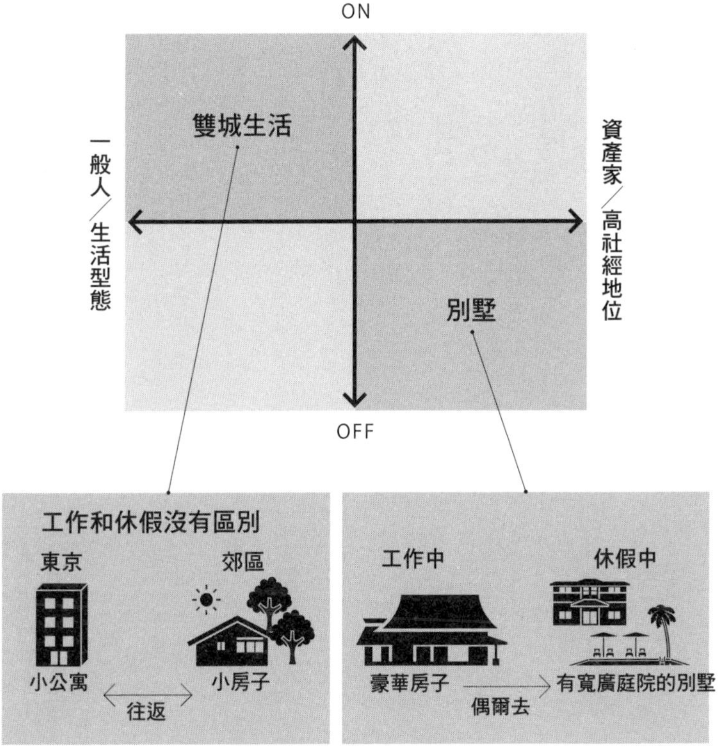

雙城市生活是擁有讓生活充實的地方，而別墅只是地位的表示，是有錢人擁有的。

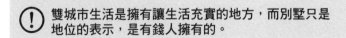

過去或許有「在東京工作，就必須住在東京」的觀念。不過網際網路及行動數位設備如此發達，只要有心，在任何地方應該都可以工作。東日本大地震時，大概有一個星期左右的時間，大家被迫在家待命，雖然如此，公司仍能正常運作。只要屬於知識勞動的商業人士，就有可能一星期當中有三、四天不進公司。

我大概一年有超過一半的時間都待在夏威夷，過著雙城市生活。因為當時周遭並沒有人這麼做，所以光是準備就花了幾年的時間。從二〇〇四年開始，經過了好幾次的嘗試與學習之後，直到二〇〇七年才正式實行。

才經過七、八年的時間，數位科技就飛快的進步。任何地方都能使用網路，上網速度快且價格便宜。智慧型手機更是行動數位設備的代表。不必選擇場所就能工作，讓雙城市生活變得更容易實現。

的確，在一般公司上班的人想要馬上實現可能有點困難。但千萬不要就此放棄，試著去想該怎麼做才能實踐。或許你會因此決定辭去工作，獨自出來創業，但請先試著找到能讓你實現雙城市生活的公司吧！

在過去，換工作的時候，選擇公司的標準通常會看職位和薪資。但請記住，將來不會再是胡亂加薪的時代了。**能否自己選擇有效率的工作方法，應該變得相當的重要，而能提供這種生活的公司才會受到歡迎吧**！

譬如在上班時間，隨時都能夠去衝浪的patagonia戶外用品公司，以及可用兩成的工作時間來做自己喜歡的事，也就是「20％原則」的Google，另外在日本也有提供「擲骰子薪給」和「旅遊基金」等獨特制度的KAYAC等。而認同兼差的公司則有日產汽車、三菱汽車、富士通、東芝等。只要不妨礙到業務，CANON、普利司通、DENSO、花王等公司也同意員工兼差。

在物質、時間、場所及工作方式都很自由的時代，如果還被常識所束縛，甚至連自己都沒察覺的話，那不是很可惜嗎？

居住環境是充實自我生活的平台

人活下去的三大要素就是「食、衣、住」。採訪北歐人時，讓我感受很深的就是**在「食、衣、住」中，對「衣」跟「食」的要求異常的低，對「住」的要求相對較高**。而與住同樣受到重視的就是，前面也曾提過的「旅行」。**優先順序為「住→旅→食→衣」**吧！

北歐各國的工作時間短，冬天的日照時間也短，所以待在家裡的時間很長。提到北歐，家具等的設計相當有名，這或許跟他們待在家裡的時間很長有關。所以他們所設計出的家具既簡單又耐用。

另一方面，我居住的夏威夷是個溫暖，日照時間長的地方，所以家具大多比較純樸，並沒有特別講究。但相對的，夏威夷的居民會把房子外面的所有自然景觀都當作是自家的，光是住在那裡就能讓人感到十分幸福。「衣」方面，因為輕薄就可以了，所以價格並不貴，但一定要去海邊、山中等地方運動，可見剛剛提到的四個項目中，還是比較重視「旅」這一項。

紐西蘭因為靠近海，所以很方便取得安全無慮的魚和肉，蔬菜當然是有機栽培的，所以「食」的優先順位很前面。但因為希望在住家前面就能釣魚，很簡單的就能從事戶外活動，與大自然接觸，所以把「住」看得最重要。

雖然北歐的家庭注重屋內，而夏威夷和紐西蘭則把重心放在戶外，但**幸福感較高的幾個國家，都同樣重視居住環境**。房子不只是個「物品」，而是「**充實生活的平台**」。

日本呢？住在市中心相當方便，如果只是當作居住的地方，比上不足但比下有餘。只不過從「居住環境」這個角度來看，住家附近是否能夠衝浪、運動，在生活中是否有「可以體驗的事情」是很重要的；但關於這個部分，日本的居住不算太好。

如果是在市郊的話，應該會有不錯的地方吧。像我喜歡衝浪，那麼就可以在千葉和茨城等靠海的地方，用便宜的價格買一間獨棟房子，而且距離市中心開車大概只要二到三個小時就能夠往返。在國外，可以看到海的房子絕對不便宜。

最近，我有興趣的地方是福岡。租金只有東京的一半，蓋一間獨棟房子，花費大概也只要東京的三分之一至四分之一左右。被大海及高山所包圍，街道的寬度也剛剛好，食物也很美味。從地理位置來看，在日本的大城市中，離國外最近，而飛機場也離市中心不遠。不但是到東京很方便，也有直飛班機到我居住的夏威夷。現在有些大型企業會把總公司搬到福岡。

其他像是德島縣，在縣內的少數村落建立寬頻環境，就會加速IT企業在此設立分公司的計畫。

在此過程中，有些人已開始注意到，工作的時候到市中心，而居住則可以選擇不同地方的這種雙城市生活。或許你會擔心，沒有錢怎麼可能擁有兩間房子，但從生活消費水準來看，並非絕不可能的。

日本和幸福感高的國家在衣食住的優先順序

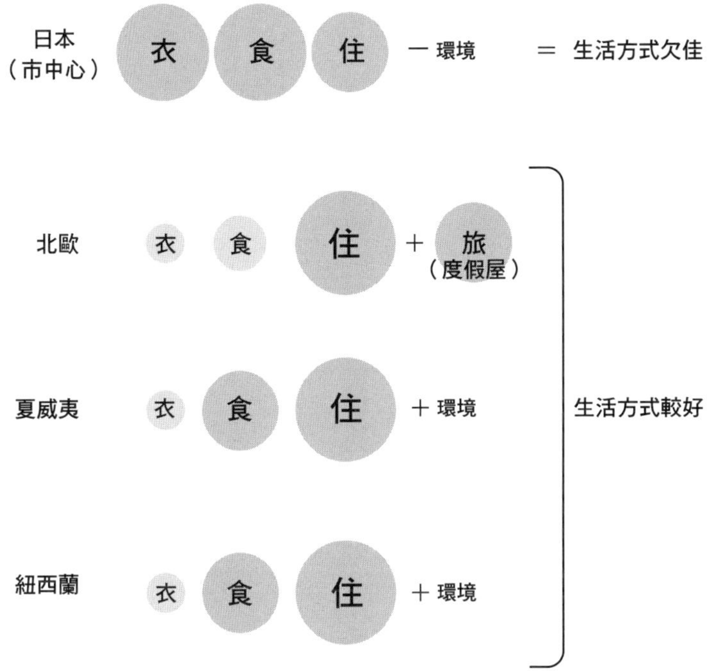

幸福感高的國家，重視居住的比例較高。

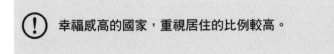

有關雙城市生活，會在第四章做詳細的介紹，但如果你還是把房子當成「物品」的話，應該就很難實踐這種生活了。

住在必須花三十分鐘，坐上擠滿人的電車才能到公司的市中心，這種花了數千萬日幣，貸款三十五年買的房子，真的有它的價值嗎？請大家仔細想一想。

是否覺得「想要的東西都買得起」呢？

北歐的稅金相當的高，可能留在手邊的錢不多，所以也沒辦法買太多東西。**因為眼前的生活不富裕，所以才能夠找到其他的幸福吧**。這是**我在前往北歐採訪前的假設**。

的確，丹麥的消費稅為25％，是全世界第二高的，國民租稅負擔率（全國賦稅收入與GNP，或是全國賦稅收入與GDP的比例）是69.9％，在主要先進國家的第一位，其他像是芬蘭59.3%，瑞典59.0%（參考59頁）。而日本則是40.6%，所以應該說社會結構完全不同吧！

但不可思議的，經過採訪之後，才發現答案跟我的假設相差甚多。大家還是有想要的東西，也會買需要的東西，所以受訪者表示「想要的東西還是會買」。我覺得「想要的東西還是會買」的想法本身，應該跟日本人所想的非常不一樣。

另外還有這樣的資料：「就算年收入和資產不多，但也能夠決定、控制自己的收入及支出，並且做到『有想要的東西就買，有想做的事情就去做』的人，幸福感會比較高。」（*Wellbeing: The Five Essential Elements*）

收入和資產的多寡，跟實際能買多少自己想要的東西並沒太大關係。只要能夠控制收入及支出就可以了。這樣不但能買想要的東西，也可以去做想做的事情，也就是說「想法是非常重要的」。

作家同時也是翻譯家，又和朋友一起創立出版社的提姆・莫尼納告訴我：

「自己真正需要的錢其實並不多。就算收入比現在多出了十倍，但還是沒有特別想買的東西」。

提姆・莫尼納／芬蘭／作家、翻譯家

北歐人並沒有太多想要的東西，雖然說喜歡旅行，但也只是去深山跟大自然接觸，或是到度假屋，過著自給自足的生活，這些活動不需花費太多的錢。

所謂「滿足程度」的高低，會依據國家、世代及個人而有所差別。只不過可以確定的是，**生長在日本泡沫經濟時代的人，滿足程度，也就是「幸福閾值（臨界值）」比較高**。

在訪談中，當我詢問「丹麥的幸福感排行是世界第一」時，有人直率的承認自己真的很幸福，並且告訴我。

「父親經常說『別把絕對看得太重』，這樣比較不會感到失望。」

佛列迪利克・德托列夫・奧托艾爾／丹麥／製藥公司員工

OECD各國的國民租稅負擔率

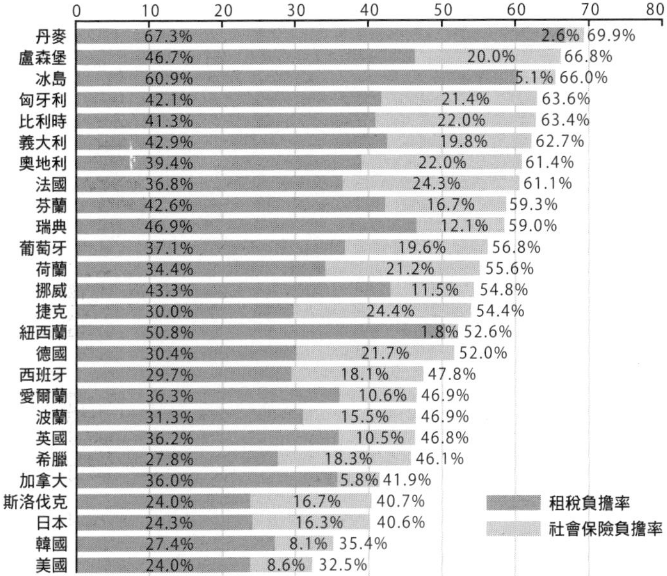

〔註1〕國民租稅負擔率＝賦稅收入占國內生產毛額（GDP）的比重。
〔註2〕各國2008年（度）的數據。日本2011年度預算，國民租稅負擔率：38.8%，租稅負擔率：22.0%
社會保險負擔率：16.8%。
〔引用〕財務省網站（日本：內閣辦公室「國民經濟計算」等，各國：OECD"National Accounts 1997
2009"及"Revenue Statistics 1965-2009"）

Question　國民租稅負擔率低的日本，為何幸福感低呢？

北歐　「買得起想要的東西，所以幸福」。

日本　「節約、忍耐，買不起想要的東西所以不幸」。

是否買得起想要的東西，其實就是如何選擇自己需要的東西。

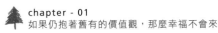

對現在的年輕人來說，幸福閾值下降的情形，絕不是不幸的事。

仍對過去價值觀深信不已的人，或許會想到「節約」或「忍耐」。但有新價值觀的年輕人，因為開始覺得這樣也足夠，所以才會感到幸福。不是因為不得已才這麼想，而是能夠自己「選擇」才覺得幸福吧！

事實上，最近引起話題的《在絕望國度的幸福年輕人》（古市憲壽／講談社），提到這近四十年，現代年輕人的生活滿足感及幸福感是最高的。這是由政府的「國民生活的輿論調查」所得知，在二〇一〇年，有70.5％的日本年輕人滿足於目前的生活。在過去，人們隨著年齡的增長，滿足感會跟著提高，但現在卻完全相反（30世代是65.2％，40世代是58.3％）。

在本書中，也會提到年輕人的消費意願降低。確實如此，現在的年輕人不會那麼想買車，而且也不太喜歡喝酒，國外旅遊也不去。只把錢花在像是服裝、家具或通訊費等必要的需求上。

會認為現在是屬於階級差異的社會，且覺得年輕人會感到不幸福的，就只有上一個世代的人。隨著時代的變遷，人們的價值觀也有了改變，而幸福型態也跟著產生了變化。

達到自由生活「新幸福」的十個條件

我大部分的時間都住在夏威夷，但每年都會到紐西蘭和澳洲，或是到北歐採訪。因為有這樣的體驗，讓我發現這些國家有共同的「型態」。

應該當作目標的「新幸福條件」究竟是什麼？我們邊回顧第一章，邊一起討論吧！

1. 樂於工作
2. 有好朋友，有親密的家人
3. 經濟穩定

4. 精神、肉體都很健康
5. 要有帶刺激感的興趣及生活型態
6. 時間可以自由安排
7. 選擇適合的居住地方
8. 思考事情的方式是正確的
9. 把眼光放在未來
10. 覺得自己有朝目標前進

首先就是**「樂於工作」**。這跟薪水高低無關，而是跟能否開心的工作，或是能夠做具挑戰性的工作，會不會有成就感，能不能得到滿足有關。接下來的章節也會提到，這與「工作與遊樂一體化」（參考176頁）具有關聯性。

接著就是**「有好朋友，有親密的家人」**。工作愉快，但卻跟家人和朋友沒有任何交流，這多麼悲慘啊，相信幸福也會因此離你而去吧！

當然**「經濟穩定」**也是非常重要的。但不是說要有很龐大的資產，或者是有相當高的收入才可以。只要是足以讓自己生活安定的程度就夠了。就算要減少物質享受，過著簡單純樸的生活也可以。但如果經濟不夠穩定，就算工作和興趣非常的充實，也會覺得日子不好過。

而且比起金錢的多寡，更重要的是「使用方法」。入不敷出的人，很有可能是因為無法控制自己的花費。或許也可以說，尚未找到適合自己的幸福生活模式。為了能生存下去，絕對要做到第四項，也就是**「精神、肉體都很健康」**。

第五項是**「要有帶刺激感的興趣及生活型態」**。以我來說，那是有衝浪，或是像鐵人三項這種能讓自己開心的興趣，並且過著豐富人生的生活型態。有些人雖然工作愉快，有相處得非常融洽的家人，經濟也很安定，身體又很健康，但是如果一休息，就不曉得自己應該做什麼。成為大人後，總會將人脈與工作等利益關係牽扯在一起，若沒有培養自己的興趣，將很難拓展不帶有利害關係的交友圈。

第六項是**「時間可以自由安排」**。說不上「時間就是金錢」，但首先要有足夠的時間可以任由自己安排。這就跟金錢一樣，要如何取得平衡是很重要的，首先要學會自我調整、控制。為了賺取相當的收入，卻因為工作太忙而無法與家人和朋友相處，這當然是不好的，但是如果「有很多時間，卻什麼事都不做」，那麼也毫無意義。

第七項是居住環境，**「選擇適合的居住地方」**。不管做什麼樣的工作，或是生活型態如何，想實現雙城市生活，就應該考慮居住的地方。不論住在多便利的地方，或是多高級的房子，要是不適合自己的生活模式，那麼環境本身就會造成壓力。

從買房子的角度來看，像日本這樣，二十年、三十年老房子的價格相當低。大部分的北歐人，雖然有度假屋，但基本上都是從父母那裡繼承的。自己購買的房子，在退休時可賣得的價格，要比原來的高出許多，因此有相當多的人會把原本的房子賣掉，轉而去購買比較小的房子或度假屋。

雖然在日本賣房子時，很難賣到比原先購入時更高的價格，但只要用心去找，

「新幸福」的十項條件

1 樂於工作

2 有好朋友，有親密的家人

3 經濟穩定

4 精神、肉體都很健康

5 要有帶刺激感的興趣及生活型態

6 時間可以自由安排

7 選擇適合的居住地方

8 思考事情的方式是正確的

9 把眼光放在未來

10 覺得自己有朝目標前進

↓

(!) 所謂新幸福，就是要擺脫金錢、時間、場所等的束縛，重新獲得自由。

相信還是可以找到跟賣出所得差不多價格的物件。因為無法期待年金，所以房子到底會成為資產還是負債，將會改變一個人的人生。

第八項，同樣也相當重要的「想法」，就是**「思考事情的方式是正確的」**。譬如說，把所有過錯都推給別人，以及經常抱著消極想法的人，或者是常找藉口的人，受限於固有常識的人，都很難得到幸福。所以要是一開始就抱持著這種想法，應該就很難做到新幸福的十項條件吧！

第九項是**「把眼光放在未來」**。幸福感下降的最大原因，就是對未來不夠明確，因此產生了不安。在北歐各國，想要靠著領取年金，悠閒過著退休生活猶如天方夜譚，因此政府提供了就算罹患疾病也無須支付醫療費，被公司裁員也會提供失業補助的福利。所以不須擔心生活會頓時失去經濟支柱。

很可惜日本人是不能夠依賴政府的。具體方法在第二章之後會談到，也就是要先做好即使生活出現了狀況，也能靠自己的力量支撐數年的準備。

最後就是**「覺得自己有朝目標前進」**。就像跑馬拉松，如果只是一直往前跑，應該會覺得很辛苦吧，但只要訂下要跑幾公里的目標，跑起來應該就會比較輕鬆了。人只要朝著目標或終點前進，就不會感到辛苦。

這些條件的共通之處，就是別被工作、金錢、時間、場所，以及固有的常識所束縛，這樣才能自由生活。並且自己要有選擇權。觀察北歐人之後，讓我有深刻的感受。

「工作與生活平衡」↓「工作快樂、生活精彩」

做到這十項條件，是擁有幸福的大前提。一般來說，只要做到一部分就會覺得「很幸福」，或是發覺「想變幸福就必須要做到這些」。但接下來，讓所有條件都能均衡發展也是很重要。

我曾經說過不太喜歡「工作與生活平衡」這個用法，而理由之一，就是因為只照字面上的意思，會把焦點放在「工作」跟「生活」的平衡上。那麼這樣就會遺漏掉剛剛提到的「金錢」、「興趣」、「健康」和「居住環境」等其他重要的條件。

在北歐進行採訪時，我發現**就算是公司員工，也有希望能控制工作和時間的強烈意識**。因為這樣就能有良好的人際關係，可以挑戰有趣的工作，根據狀況說不定還能回到學校進修。要經常去思考如何選擇，這一點是非常重要的。

為何日本人缺少了這種意識呢？那是因為過去會將幸福跟工作聯想在一起。想要培養「興趣」，公司會有社團活動，甚至準備有棒球場。而關於「居住環境」，不論是公司宿舍或員工餐廳，甚至連療養所等，工作以外可以休閒的地方都相當完善。

因此當提供我們所有保障的公司倒閉了，或是發生強迫提前退休等意料外的情形時，就可能發生暫時失去住所的結果。

今後我們應該以什麼為目標呢？我一直在思考，有沒有像「工作與生活平衡」

從「工作與生活平衡」到「工作快樂，生活精彩」

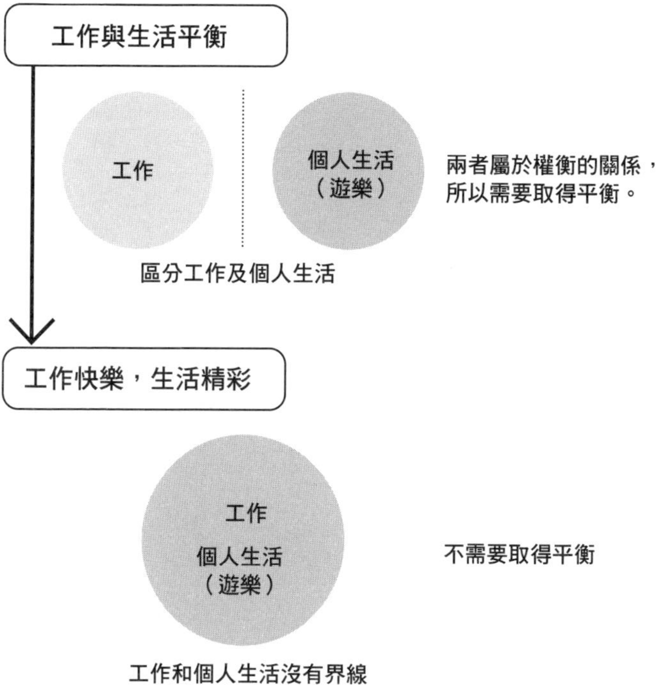

「工作快樂，生活精彩」
所指的工作就是生活。

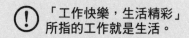

如此簡單易懂的標語？而浮現在腦海的，就是**「工作快樂，生活精彩」**。**希望在「工作」和「生活」都能感到「快樂」**。不但工作和人生沒有界線，工作和遊樂之間也不應該有分界線。

想從金錢、時間和場所重獲自由，就要讓工作及遊樂沒有隔閡。我認為，今後應該會往這方向來發展。這樣就不會有退休後沒有住所，或者煩惱沒有工作的問題了。工作就是生活，在任何時候，自己都是被需要的，這應該就是幸福的終身勞動吧！

實現「工作快樂，生活精彩」。請先把這句話牢記心中，跟著我們一起閱讀第二章。

chapter-02

想自由生活就必須改變的事

從節約到選擇

本書介紹的幸福感排行中，名列前茅的北歐及紐西蘭，以及我所居住的夏威夷，都不是物質充足或非常富裕的國家。要繳的稅金很多，物質方面缺乏，生活不便等，總之就是過著十分純樸的生活。

但日本的物質相當富足，交通也相當的便利。即使以一般居民的生活水準為例，也是相當富裕的國家。但日本人卻不覺得幸福。我一直在思考，為何他們會累積壓力，沒辦法更悠閒的生活呢？

曾經提過北歐人過著「純樸的生活」，這雖然是理由，但卻不是唯一的。另外一個重點，就是**「能否自己選擇」**。

雖說住在幸福國家的人相當「純樸」，但這並不是節省而已。不是因為必須要

日本和北歐對「簡單」看法的差別

日本		北歐
簡單生活 = 節約、忍耐		簡單生活 = 選擇
不開心 沒有夢想 沒有感動	VS	幸福 滿足感高 比起物質更重視體驗
↓		↓
精神方面樸素		精神方面富裕

(!) 是否幸福的關鍵，在於是不是「自己選擇的」。

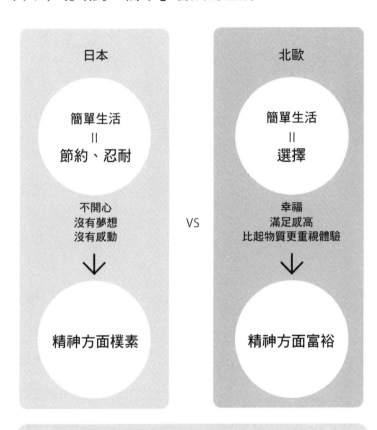

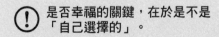

節約所以才過著純樸的生活，而是「經過選擇後，決定過這樣的生活」，這是「自己選擇」的。我們可從北歐的有錢人同樣也是過著勤儉的生活而得到證明。物質雖然簡單，但精神卻是富足的，如果能把時間和金錢花在經驗、體驗的累積，而不是物質追求的話，我想應該就能了解吧。養成簡單生活的習慣，就會給人一種認真工作的印象。

反觀日本，物質雖然富足，但精神卻是貧乏的。在日本，要是說「生活要過得簡單」，那麼就要像不食人間煙火似的，給人一種需要節約再節約，忍耐再忍耐的印象。譬如說，比較各超市發的傳單，找到價格最便宜的商店，即使只有十元日幣也好，然後騎著腳踏車，到非常遠的地方去購物。

認為「簡單生活」、「放慢步調」就沒有夢想，不好玩，或是不會感到悸動的人應該不少吧。這也是因為有「節約」和「忍耐」先入為主的想法。但事實並非如此，只是要我們將不該浪費的東西省下。

最重要的是「自己選擇」這一點。我們只要做到在「因為情況變差，所以不得不如此做」之前，能夠自己做出選擇，建立一個新的生活型態就可以了。

重要的不是只有金錢，時間也很重要

如果做一個調查：「身邊要有多少錢才會覺得安心」，大部分的人都會回答最好是目前年收入及所有資產的一倍。譬如年收入五百萬元的人，至少要有一千萬元才能放心，而資產有一億元的人就希望要有兩億元，有五億元的人就想要有十億元。

如果只是把「想存多少錢」當作目的，那麼不管資產增加多少，還是會覺得不夠，所以永遠不會滿足。周遭的人或許會認為「已經有用都用不完的錢了，為什麼還要拚命賺」？想要「賺更多、更多」而沉迷於投資，最後全部賠光的人不在少數。

重要的是「取得平衡」。來聽聽芭芭拉・瑪莉茹・菲夏是怎麼說的。

「我覺得要能清楚知道收入與支出可以取得平衡，如此一來，像是帶著小孩去旅行，出去外面用餐，買漂亮的衣服，就不會一直擔心（花錢）了。」

芭芭拉・瑪莉茹・菲夏／丹麥／醫生

當然就幸福條件來說，賺錢是相當重要的，而且考量到每天的生活，以及未來的人生，錢是絕對不可缺少的。

過去認為，多賺點錢來買東西，這就是幸福。但金錢不光是用來滿足物質慾望。在《幸福方程式》（山田昌弘＋電通happiness編著）這本書裡提到：

「這並不是買商品，而是透過購買商品來買幸福。」

「金錢&時間」和幸福的關係

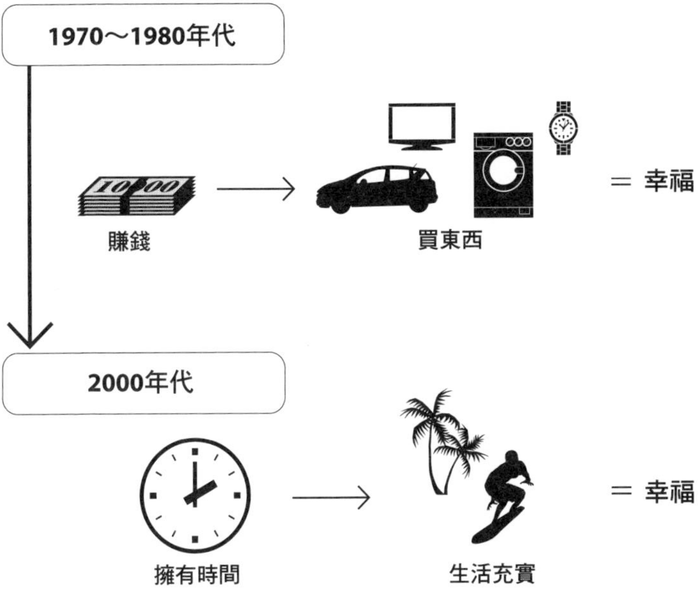

POINT 要是金錢和時間都「想要」，
那麼是無法變幸福的。

對兩者來說，最重要的是知道「為了什麼」，
然後要能自己控制。

譬如說，買了法拉利之後，就會聽到「好棒的車子啊」的稱讚，買了高貴的名牌服飾，就能受到大家的注目。在泡沫經濟發生之前，要是能夠買到這樣體驗的話，就會覺得相當幸福。但在目前這個時代，如果為了買很多東西而拚命工作，應該就不能說上是幸福吧。從草食系年輕人的身上，我們可得知一二。

我在第一章有稍微提到，金錢的滿足感，取決於能否自我控制。只要覺得足夠就可以了，根本不需要再去賺更多的錢。

但取而代之的，就是要去追求和金錢同等重要的「時間」。因為有時間，可以跟家人一起度假，或是有餘力去做自己想做的事，讓自己的生活變得更充實，這應該能提高幸福感及滿足感吧！

但是要注意的是，如果**不考慮目的，只是因為「想要」而去爭取的話，反而會造成不幸的**。這跟金錢一樣。要是沒有目的，不知道該如何使用擁有的時間，那麼還是沒辦法變幸福的。

沒有比有時間卻沒事可做更難受的了。譬如說原本勤奮工作的人，在退休之後，就只剩下軀殼。拚命工作時，根本沒有自己的時間，但這樣反而覺得幸福，無事可做反而會造成壓力。

不論是金錢或時間，要是不知道「為了什麼」、「為何要如此做」，那麼就毫無意義了。

要是金錢和時間都「想要」，那麼是無法變幸福的。

比起提升社會地位，應該要去追求自由

在過去，若能在公司得到升遷，那就代表了地位的提升。也就是能在「升遷競爭」中存活，這對在社會工作的人來說，是非常讓人開心的事；但要是沒有升官，就會覺得很丟臉。

但現在這個時代，升官已經不再讓人感到幸福了。如果是公司的社長，或是居

於高位的話，當然就另當別論，但我想大概只會期待能有很多屬下吧！

然而最重要的，就是**工作能讓你有成就感，在專業領域上能夠有所成長**。這樣或許不把升遷當作目標也是一項選擇。

如果只是追求升遷，會漸漸不曉得自己想做的是什麼。譬如，受到的拘束會越來越多。經常可以看到，其實想在工地監督工程進度，但卻不得不去管理部屬，然後在工作方面就失去了自由。

當然，應該也有人喜歡做管理方面的工作，但因為工作不再那麼自由，然後出現壓力的人還是不少吧！

已經不能再像過去那樣，單純的認為「認真工作就絕對能獲得升遷」。因為光是靠著努力有好表現而被其他人注意，這對提高自己在公司的地位其實並沒有太大的幫助。更何況，公司有可能隨時倒閉的。

當公司倒閉，最可憐的應該是職位不上不下的人。年輕且具備了其他公司也需要的能力的人，以及有開發等特殊能力的人，應該很容易就能找到新工作。但在公司的職位不低，薪水也比較高，工作又很容易被取代的人，想要找到同樣條件的工作應該非常困難。

應該追求的不是在公司佔有一席之地，而是能自由工作，而且有成長的機會。工作當然還是要努力去做。但在努力工作之後，還能加強本身的技能，我想你應該知道該如何選擇。

如果沒辦法升遷，也沒有加強自己的技能，那麼當公司捨棄你時，想必很難活下去吧！

比起進入一流企業，成為自由工作者更幸福

如果是二十年前，在公司工作的人確實比較容易感到幸福。因為單打獨鬥是件相當困難的事，如果是公司員工的話，就能得到許多的支援。那時是自由工作者

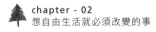

很難一展抱負的時代。

現在則相反，**大部分的人認為，自由工作者不但能得到回報，而且因為工作自由，所以幸福感會提升**。譬如美國的勞動人口，約有四分之一是自由工作者。

當然即使是現在，還是有不少年輕人認為，能在一流企業工作很有面子，要選擇公司的話，還是大企業比較好。這跟追求職位一樣，自由工作者和公司員工的幸福，完全不需要去做比較。重要的是，不要跟周遭的人比較，甚至不必去在意。

像「○○升官了，所以我要更加努力」或「○○買了房子，我絕對也要買一間」的想法，藉由跟別人比較，或是面子的輸贏來獲得滿足感，就跟物質至上主義相同。而「主管沒離開公司，所以我也不能走」的想法，也跟它非常接近。這樣的做法已經不會再讓人感到幸福。應該要從本質努力工作，得到滿足，同時要重視自由。

想經營一間公司的話，就必須處理雇用人員、租借辦公室等各種瑣碎的事，但自由工作者就相當輕鬆。而且因為是憑自己的力量去完成的，所以完全看自己怎麼去做，任何方面都非常自由。

但另一方面，沒有公司可以當靠山。雖然自由，但其實卻隱藏著相當恐怖的責任。任何事都要自己決定，而且對自律的要求也很高。能夠確實做到的人，我想應該會得到很高的滿足感。

在現代，不管是個人電腦，還是行動電話、智慧型手機等，汰舊換新的速度相當驚人。過去，只有大企業才會提供這些設備支援，而且也才可以擁有部落格等個人傳播平台。但現在就算不附屬於企業，還是有辦法完成許多事情，並且盡情發揮自己的能力。

我並不是反對大家到一流企業，也不是鼓勵大家都成為自由工作者。但即使是在一流企業，應該也能建立一種能讓自己自由發揮的工作模式。

在我認識的人當中，有一個人能在某外商金融公司崗位上，幫公司賺得超過一半以上的營業額。他在獨立出來之後，該職位自動消失，但客戶並沒有繼續跟著公司交易，反而是跟離職的人往來。所以在他離開公司之後，仍然以顧問名義協助原來的公司。這應該就是終極的「社內自由工作者」的狀態。

就算沒辦法像他一樣，但只要能擴展人脈，或曾經有很耀眼的成績，只要有自己參與的工作就能順利進行的話，那麼我想成為社會自由工作者應該就不是難事了。

只不過，想靠個人來改變公司是相當困難的，所以選擇自由性較高的公司也是一種方法。

順帶一提，北歐的自由工作者人數並沒想像中的多。但在Ericsson、Microsoft及Nokia等一流企業工作的人，所感受到的幸福感跟自由工作者差不多。不但設備及待遇都令人稱羨，而且還能從事具挑戰性的工作，沒有任何阻礙，前景一片光明。這是因為公司能夠給予充分的自由。

想進這樣的公司，當然必須闖過許多的關卡，而且因為滿足感高，所以會離開的人似乎很少。

不是去推銷商品，而是提供意見

買衣服的時候，要是店員一直跟在旁邊推薦「這件如何？那件也不錯」，你是否也會有「很不想買」的想法呢？

當然，也是有人喜歡聽別人的介紹，但大部分的人應該會希望「別理我」吧。如果有想買的東西，當然希望有人可以給點建議，但在那之前，要是死纏爛打的跟著不放，反而會讓人覺得討厭，這種心態真的很不可思議。

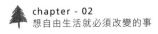

對於從事業務工作的人，雖然你會覺得他們非常拚命，但很奇怪，大部分的業務都會被討厭，就算賣得出去，顧客還是會露出「要算我便宜，我才捧你的場」的表情。

推銷是相當早期的銷售方法，不但不易提升業績，也是不容易得到幸福感的方法。比起推銷，應該讓顧客成為你的粉絲。所謂「成為你的粉絲」，就是要顧客充分理解你的工作。

不論是哪一間公司，都希望能跟優秀人才合作。要是知道你能夠提升業績的話，反而會主動請你「幫他們的忙」。

「希望你幫忙」或「拜託他們跟你合作」，兩者是完全不同的。作為夥伴，你是希望能跟對方平起平坐呢，還是屈居人下？

這一點在所有的工作都通用，就現在的社會來說，我覺得**不再重視縱向關係，而是比較注重橫向關係**。如果是上下關係，那麼只要是位居下位，就有機會往上升遷，甚至還可以對上位者產生壓力。相反的，在平行關係中，如果能夠充分發揮各自才能，那麼當然就會往好的結果發展。

希望能維持平行關係的話，就必須創造出高水準的成果。然後努力讓別人認得你。**與其去推銷自己，還不如花力氣讓別人認識你，這樣應該會比較好**。

具體的作法呢？**只要成為能夠商量的對象就可以了**。

譬如說，推銷不動產時，如果是過去的作法，應該會四處打電話推銷，到處問：「有這樣的房子，有沒有需要呢？」這樣就算原本想買房子的人，也不會有購買的意願。因此，請試著告訴客戶：「如果房子方面有任何問題的話，請隨時找我，我會免費提供諮商的。」這樣不但能建立信賴感，對工作也有幫助。這種方法，效果高出好幾倍。

買衣服也一樣。當客人開口問「我想買這種感覺的衣服，你覺得如何？」店員再提出自己的意見，這樣會讓客人有「想跟這個店員買」的想法。

沉迷於物質至上主義，就只會在乎短期慾望的追求，不斷去買想要的東西。因為希望能提高現在的業績，所以不經意地就會使出推銷的手法。但這只會讓人感到疲倦，很難持續下去。

就算提供諮商，也無法保證馬上就能拿到合約，或是賣出商品。但伴隨而來的效果卻相當的大，因此以結果來說，應該能獲得長期性的滿足。

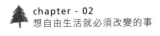

比起地位及名聲，更要注重網路社群

「在公司位居高位，但推特的跟隨者卻只有十位」，以及「在公司不是太起眼，卻有數萬人的追隨者」的兩個人當中，以個人身分，具有較強能力的是哪一位呢？

對在有名企業位居高位的人來說，自然各業者會主動接近，鄰居也會以羨慕的語調說：「在很不錯的公司工作呢。」不管是公司內、外，可能都會有不少人阿諛奉承。但這只限於你還在這間公司工作的時候。要是離開公司，就不會有人再去搭理你了。

我想這不單只是看這個人的能力，而是希望透過他，從他的公司獲得好處，所以就結果來說，他的地位及名聲都會更上一層樓。這說不上是「狐假虎威」，應該說是「借助公司的力量」吧！

推特的追隨者，以及訂閱臉書即時動態的人，單純只是因為對那個人的動態感到興趣，所以才追蹤他的訊息，這跟在哪一家公司工作並無關係。譬如有某位任職於有名企業的人，剛好他的推特追隨者非常多。那麼假設他離開了那間有名的企業，追隨者也不可能因此而驟減吧！

不管是推特還是臉書，或者是部落格，都是屬於「個人媒體」，我們能透過個人媒體表達自己的意見。這在過去簡直就像天方夜譚。但是現在，每個人都可以做到。

雖然不是說「比起推銷，最好是培養自己的粉絲」，但過去為了讓大家認識自己，或許就只能靠拚命的推銷了。如今，即使沒有直接碰面也能擁有自己的粉絲。

擁有媒體的力量，其實跟有沒有地位及名聲無關。一間歷史悠久的出版社，發行了格調高但不暢銷的雜誌，比起一間名不見經傳的出版社，但出版了銷售量達一百萬本的雜誌，你認為哪一本雜誌會吸引廣告商呢？同樣的，只有十位推特追隨者，以及擁有數萬名追隨者，如果是你的話，想把工作委託給哪一個人呢？

當然我也明白，個人能力並不能從擁有多少推特追隨者來判斷。但我想各位應該已經注意到，個人媒體的力量要比大家所想的強大許多。

當然，公司就像一個平台，而推特也是平台的一種。要是使用者厭倦了，然後換成另一個平台的話，整個狀況就會完全不同吧。最後能夠生存下來的，應該只有不依賴任何平台，真正擁有個人能力的人。

帶著愉快的心去面對辛苦

以前在美國的大學留學時，經濟方面相當的拮据。每天只能花兩塊五十分美金

（約當時的兩百日幣），當然連麥當勞都沒錢吃。

那麼我是怎麼過活的呢？先買大約可以吃一個星期，便宜，又大條的吐司，然後再買火腿、起司、蛋，以及冷凍煎薯餅。吐司夾進起司和火腿片，作成三明治當成主食，晚上則是在煎好的薯餅上打一顆蛋，淋上莎莎醬一起吃，每天都這樣吃。

中午在學校的食堂用餐，其他同學因為吃膩了學校餐點，所以大部分的人都會到校外去用餐。我常以羨慕的眼光看著他們，然後繼續吃相同的食物。同住的法國人大概覺得我太可憐了，所以每個星期會替我煮一到兩次的飯。結束留學之後，真的瘦了不少（笑）。

當我跟其他人說時，差不多都會聽到「真的很辛苦呢」，但我自己卻完全不這麼覺得。一點也不辛苦，反而覺得很有趣。那是因為人只要前面有終點，有目標，就不會把辛苦當一回事。

雖然是題外話，但我真的很討厭馬拉松，心裡一直有「死也不想跑」的想法。

但現在卻挑戰游泳3.8公里，自行車180公里，跑步42.195公里的「鐵人三項」。

快要四十歲時，因為健康的關係而開始嘗試，結果卻越來越有興趣，然後就設下挑戰鐵人三項的目標。覺得辛苦時，不管跑了多久都覺得討厭。但設定了目標之後，當辛苦轉變成「愉快」的瞬間，雖然都是做同樣一件事，卻變得非常有衝勁，速度也變快了許多。現在想一想，還真得很好笑。

「被迫去做」和「自己想做」的差異相當的大。

工作也是一樣。如果覺得「很辛苦，但不做不行」或「被強迫」的話，那麼應該會累積不少壓力吧。或許該想想如何讓自己覺得快樂，然後找到自己「想做」的工作，也是一種方法。

既然生存於世上，就應該去做會讓自己開心的事。即使是非常困難的事，只要當事人感到有趣，就能創造出不錯的成果，並且得到更多的收穫。

反過來說，只要具備了這種意識，那麼原本別人會覺得「你好像很辛苦」，或者是自己「就算死也不想去做」的事情，也能轉變成新的幸福。

比起常識，更要重視自己的判斷

就像第一章提過的，**要是被固有的常識束縛，就不可能得到新的幸福**。這是因為常識是由過去的人所制定的。如此一來，當然無法從過去的幸福價值觀逃脫了。

就像老一輩的人對草食系年輕人說教，告訴他們：「你們好像沒什麼慾望，但你們要知道，可以買很多東西，開著法拉利跑車，就會覺得幸福喔。」會這麼說的人，本身的觀念就已經是錯誤的了，所以要是依循這樣的常識，當然也就不可能變幸福了。

其他還有「我爸媽說」或「老師說」、「主管說，這是一般常識」等等。因此，你必須要思考「真的是這樣嗎」。現在的你，覺得什麼是好的，千萬要重視自己的判斷。

我告訴那些被叫做草食系的學生，「老師和父母所說的話，當然要尊重，但最後還是要相信自己的判斷」。跟他們說**「因為你們的想法比較進步」**。

之所以有此看法，是因為我有過這種經驗。大概是在二十年前，而且正處於泡沫經濟時代，那時還是學生的我，決定要到「外商公司就職」。不但大學的就業輔導中心告訴我，「這樣好嗎」、「會有風險耶」之外，也有很多人說「可能馬上就會被辭退，那可就慘了」、「員工至少要工作十年以上，才能培養出能力」等，不斷灌輸我一些非常老舊的想法。

當初如果我聽從他們的建議，現在絕對會非常不快樂。因為我有在短時間盡可能培養自己的能力，然後出國留學的想法。所以我相信自己的判斷，那些建言並沒有影響到我。

雖然一定會有不太順遂的時候，但不必去走別人幫你鋪好的路。

我原本就不太能接受必須在固定時間上班、一定要穿著西裝等所謂的「常識」。說不定，那些能夠忍受這些常識的人，反而比較危險。學生時期被「不能染髮」，或「頭髮要剪到這裡」等傳統的常識所束縛，告訴我們不能對這些固有常識有任何的懷疑。其實這也是一種洗腦。

但我不是要你「成為懷疑常識，不遵從常識的人」，或者純粹只是去「反抗」。而是要用自己的標準及價值觀來做出判斷。

我想應該不用想破頭就會曉得，對自己而言，什麼才是最重要的吧。「幸福是什麼」、「其他人所說的，跟自己所想的，是否有出入呢？」，請花點時間仔細想想。不這麼做的話，恐怕會被常識牽著鼻子走。要是不經常思考，那麼就可能變成一個偏離正途的人。

比起大眾，更要注重小眾

最近常會聽到「小眾市場」或「小眾產業」。所謂的「小眾」，就是「非主流」。

過去在高度經濟成長期，人們希望能跟大家一樣買電視、汽車等，是個物質慾很高的時代。大部分的人所關心的事物，興趣或是嗜好，應該都跟其他人差不多，當然對幸福的價值觀也類似。在這種時代，只要注意大眾所需，應該就能製造出暢銷商品，然後大家就變幸福了吧！

可是狀況有了改變，如今演變成少買東西的時代，於是，想跟大家擁有同樣的東西，已經變成不可能了。而這不是只有物質而已。對什麼感到滿足，讓你快樂的是什麼，每個人對幸福的解讀也都不同。

現在變得每個人努力的方向都不相同，所以如果還是像過去那樣，把大眾當作對象的話，那麼就會偏離方向。或許說，現在連大眾在哪裡，可能都很難知道吧！

將來會是「怎麼會是這種」的年代，這個屬於小眾文化的時代正在崛起。仔細想想，推特就是一個好例子。從部落格和SNS等各種社群網路，將功能濃縮成「一百四十字的呢喃」。不是主流，而是開始重視非主流，可見小眾文化變多熱門了吧！

做生意當然也是一樣。聽說過位於新潟縣的「Cave d'Occi」葡萄酒莊嗎？一般的葡萄酒莊都非常歡迎觀光巴士載來大量的客人，而且製造出大量葡萄酒以供出貨銷售，以商業來說，這是理所當然的事。然而，就如《我蓋了一間酒莊的理由》（落希一郎／Diamond社）這本書所提到的，這裡**拒絕團體客，且只招待一定數量的忠實顧客，葡萄酒也是只使用國產葡萄，強調少量生產，少量消費**。

酒類是銷售的主要項目，而銷售對象則是小眾。以遷移到廣大葡萄園及古老民家的餐廳、以及製作特色麵包等，這些若非親身前往就無法體驗的事物來一決勝負。能夠現場「體驗」的意思，大概就跟到迪士尼等主題樂園差不多吧！

工作時、創業時，**比起大眾更應該重視小眾**。小眾不但具有力量，而且更能感受到熱情，成效當然也比較容易提高。

比起眼前的加薪，更在意個人口碑的提升

有關北歐各國的消費稅，丹麥、瑞典、挪威為25%，芬蘭是22%。國家賦稅加上地方賦稅就是國民租稅負擔率，各為69.9%，59.0%，54.8%，59.3%，負擔真的相當高。稅率之高，真的讓人很想要逃避。

在訪談中，也曾問過受訪者**「有沒有想過，如果到其他稅金不高的國家，即使**

重視小眾更甚於大眾：
Cave d'Occi葡萄酒莊的例子

一般的酒莊

大量出貨、大量消費＝以大眾為對象

Cave d'Occi

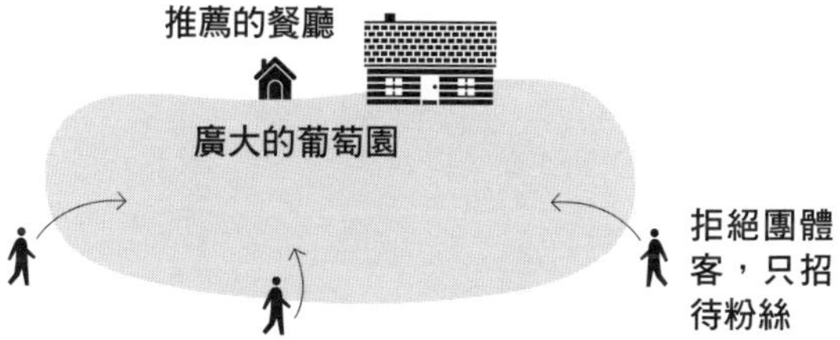

少量生產、少量消費＝以小眾為對象

要是以大眾為對象，就等於選錯了顧客群，
小眾具有消費力，業績會比較高。

做同樣的工作，能夠存下的錢應該比較多」，但令人意外的，幾乎是百分之百的受訪者都回答「不會那麼做」。再進一步詢問：「那麼在什麼樣的狀況下，會讓你想住在其他國家呢？」他們是這樣回答的。

「並不會因為稅金高低而搬家，真要搬的話，應該是有什麼具挑戰性的事情可做吧！」

克莉絲汀・柏拉拜斯／丹麥／不動產業務

「除非稅金繼續增加，或者是發生了什麼問題時，才可能會想去其他國家工作。不然可能就是想體驗異國文化，像是想學語言，或是想挑戰某樣事物時，才會考慮搬到其他國家。」

佛列迪利克・德托列夫・奧托艾爾／丹麥／製藥公司職員

不想去別的國家的理由，當然是因為重視以家人為中心的共同體，以及珍惜成長的環境吧。只不過，對於他們**不會為了金錢而採取特別行動，也不去追求眼前的東西，只是希望自己可以更加成長，並且尋找有趣事物的姿態**，讓我印象深刻。

之前曾多次提過，如果只追求眼前事物的話，很難長久維持，也無法達到幸福。

譬如說，因為「今年升官了」而沾沾自喜的人。這在經濟不斷成長的時代，或許薪水會繼續上升到某個程度。但要是現在問「五年之後呢？」不要說還能維持這樣的薪水了，能不能繼續保有這份工作都很難說。

即使是轉換工作，如果是以提高社經地位為條件，那麼年收入提高到一百萬日幣，或者是兩百萬日幣應該還算普遍吧。但別忘了在現今的時代，選擇工作時必須考慮將來是否能夠成長，或是對成長是否有助益，能否加強自己的技能。

這是因為，這麼做對將來是絕對有幫助的。

升官或年收入都會受到經濟環境的影響，不管你在公司的職位有多高，又或者是進到多麼好的公司，都有可能面臨公司倒閉的危機，因此這些喜悅都只是曇花一現。相較之下，技能和口碑則因為是自己原本就具備的特色，所以起碼不必擔心會減少或消失。

不要追著眼前的東西跑，而是珍惜隨之而來的。在缺乏持續性的時代，唯一保證能夠繼續的，就只有提高自我能力，以及創造個人口碑。

從辦公室到虛擬個人辦公室

就如前面所言，現在的工作型態，並不是說非得要有辦公室，然後整天待在裡面工作。只要能夠準時完成自己的工作，隨處都是個人辦公室，甚至不是自己的地方也沒關係。

以這種方式工作的克里斯・包爾史坦特表示。

「不必隨時都待在公司，可以在咖啡廳工作，只要能夠連上網路，任何地方都可以工作。夏天可以跟夥伴一起邊休假邊工作。可以在喜歡的時間做喜歡的工作，這就是一種幸福。」

克里斯・包爾史坦特／瑞典／網路公司經營

我也有辦公室，但有80％的工作時間都在外面工作。**辦公室是用來跟其他人開會的，而需要思考事情時，就會想呼吸外面的空氣，所以會選擇在別的地方工作。**

我喜歡用來思考事情的個人辦公室，首先是在住家附近的星巴克。因為太喜歡他們的桌子和椅子，甚至請認識的人幫我問哪裡可以買到，然後買來擺在公司的露台上。

其他像是在飛機或新幹線上。有點像是在密室，再加上適度的搖晃，會讓我覺得相當的舒適。其實寫這篇文章時，我正搭乘飛機從夏威夷到成田。

為什麼不要在辦公桌上工作呢，那是因為會想要用網路搜尋，或是查看相關資料，這樣反而會接收到一些無謂的訊息。如果是在飛機上的話，因為網路無法連線，所以**沒辦法做其他事情。但這樣反而能刺激創造力，並且提高工作效率**。

另外像是在夏威夷家的游泳池畔，或是日本健身房的游泳池畔。一邊在代代木公園跑步一邊開會，或是構想銷售點子。最近連椅子都不需要了。

同樣的，提姆．雅魯文的辦公場所，就在公園或森林等自然環境中。

「為了轉換心情，去景色完全不一樣的地方，回來後，所有的問題突然都能迎刃而解。不管是動手做手工藝，或是躺在沙發上都沒辦法解決的難題，只要去爬山、狩獵、活動一下筋骨，腦袋就會變清晰了。」

提姆．雅魯文／芬蘭／家具設計師

從辦公室到個人辦公室

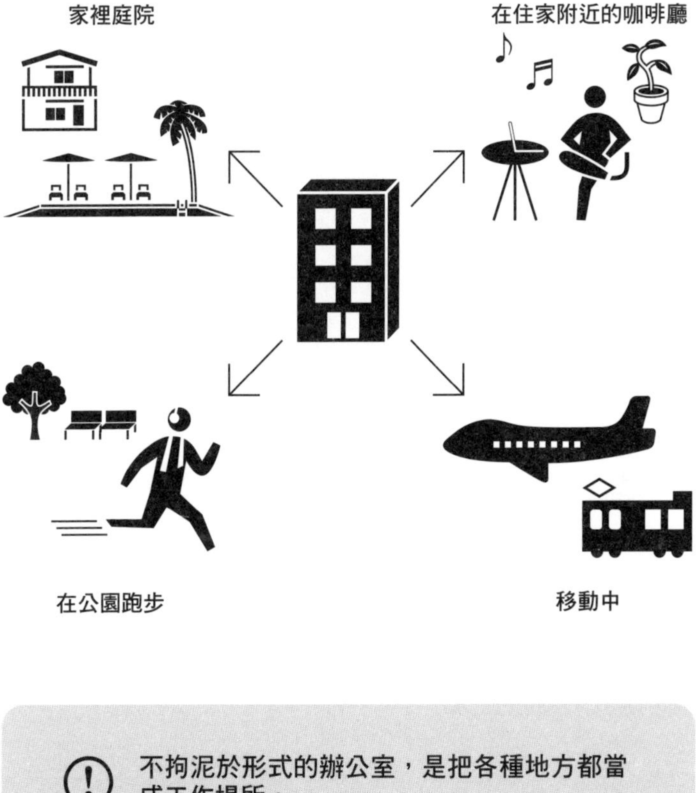

> ❗ **不拘泥於形式的辦公室，是把各種地方都當成工作場所。**

當然，我想有些公司的辦公室環境十分的好，但我還是很難遇到「想在裡面工作」的辦公室。尤其是在市中心，不管前後，都只看得到大樓櫛比鱗次的風景。我是屬於無法在這種環境快樂工作的類型。但如果辦公室是在高聳的大樓或郊外，可以看到美麗風景的話，那又另當別論。

回想過去，當我還身為公司員工時，總覺得公司內部的氣氛太過沉重，經常會到外面工作。其他人也不會因為「沒有辦公室就不能工作」，覺得只要能把其他地方當作個人辦公室，就可以做自己的工作了。

別只會使用工作語言，要能夠用全球共通語言來溝通

所謂要用「全球共通語言」溝通，並不是指會說流利的英文、還會說一點法語，這種語言方面的溝通。

不論是在哪個地方，都存在著只有同伴才聽得懂的「領域性語言」。譬如學生時代，只有同班同學，或是參加同一社團的友人才知道的隱語，也就是所謂的流行語。這樣解釋應該會比較清楚吧！

這種情形就算是進入社會也還是一樣。特別是業務員，因為做同樣的工作才會有共同的認知及話題。

我們必須了解，一旦走出公司，領域性語言就派不上用場。

請回想一下，在各位的周遭，是否也有這樣子的人呢？對公司以外的社交相當積極，雖熱心參與各種交流活動，但談話內容卻還是繞著公事轉。「公司在哪裡，是從事什麼樣的工作」或者「主管是……部屬又……」等。周圍的人應該會覺得「那個人好像『只』會說一些工作方面的事情」。

如果是只有日本人的聚會那也罷了，但對象是外國人的話，共通語言就會變得更少。就算英語說得再流利，還是會出現「因為『只剩下』英語能力，所以覺得好無趣」的情形吧！

而這個概念也很適合拿來說明要如何維持工作與生活之間的平衡，譬如把所有事情都嚴格區別為「這是工作」或「這是遊樂」的話，那麼很容易會「偏向」某一邊，另一邊就會馬馬虎虎應付了。

那麼究竟該具備哪一種「語言」呢？像是有關運動的話題，或是紅酒、飲食、文化、歷史方面都可以。**具備任何人都懂的「共通語言」是很重要的**。直截了當的說，它指的就是你的生活型態。

拿我來說，鐵人三項就是其中一項。挑戰三鐵能夠認識不同性別、國籍，或是與工作無關，而且也毫無利害關係的朋友。沒錯，**興趣及生活型態都能成為一種「語言」**。

尤其是參加國外聯盟的運動選手，通常會練得一口流利的英語、德語或義大利語等。我想從小就開始讀外國語文的人應該不多，所以比起精通語言，其他的共通語言才能促進人際之間的交流。足球選手的共通語言就是足球，棒球選手的共通語言就是棒球，而人們將會因此拓展自己的世界。

雖然電子郵件和網路的出現，模糊了人們溝通的界線，但如果能再藉著生活型態這個共通語言，那麼世界應該會變得更廣大無邊。

比起短期的大幸福，長期的小確幸更讓人感動

就像在第一章提過的，從物質所得到的幸福是短暫的，但從體驗所獲得的幸福則是長期的。而在第二章，我們也提到升遷所帶來的幸福感是難以持續的，而擁有個人口碑，提高技能，才能讓幸福延續下去。

就如在這兩章所言，將來對幸福的定義，重點會放在「**比起短期的大幸福，長期的小確幸更讓人感動**」。

所謂「短期的大幸福」，就是像「買了一直很想要的東西」、「加薪」、「拿到年終獎金」等。

而「長期持續的小確幸」則因人而異，可能是「希望家人健康」或「每天都能愉快的工作」，還是「能夠有時間過自己想要的生活」，又或者是像「今天的早餐很美味」、「很舒暢的順利跑完馬拉松」等平凡小事。

由此可見，每一件都是幸福的事，但如果從結果來看，我想應該會發現，其實小確幸更能讓人感到滿足。

「就算懷抱著夢想，但如果必須中途放棄，總是會讓人感到失望。因此嚴守本分，做自己應該做的事，如果有機會的話，每次都一定要把握。我的做法就是訂出長期計畫。」

波坦斯・帕克萊頓／瑞典／Microsoft職員

那是因為所有的短暫幸福都無法持續。短暫的幸福大多是指物質的，而長期幸福則多為體驗及精神方面的，這樣大家應該都能明白了吧！

比起短期的大幸福，長期的小確幸更讓人感動

短期的大幸福

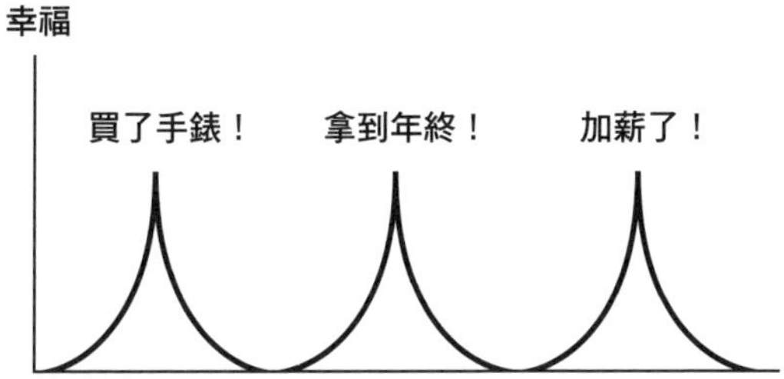

長期持續的小確幸

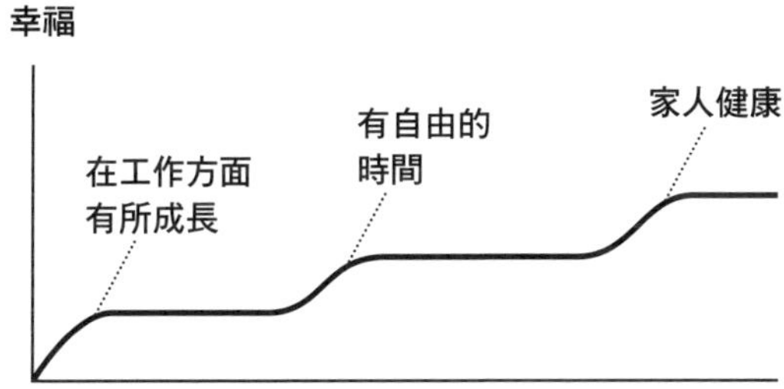

短期的大幸福很難持續，長期的小幸福容易持續下去。

講到「追求幸福」，大多數的人只會想到眼前的大目標，譬如「中樂透」，或是類似的。不管是誰，能夠中樂透當然都會很高興。只是得到不用工作也能奢華生活的金錢，那個人就一定會幸福嗎？我聽到的大部分都是相反的例子。

「小確幸」首次登場，是在作家村上春樹所寫的散文中。意思就是，雖然慾望不大，但只要能確實感受到，那麼即使是非常微小的幸福，也能開心地活下去。我也是這麼認為的。

「等待紅綠燈時，抬頭看見皎潔的月亮。在內心出現感動的瞬間，也可以是一種幸福。女兒畫了一幅很漂亮的畫給我，這也是一種幸福。不是一直去想自己是幸福的，而是在那一瞬間，自然就會感到幸福。」

芭芭拉・瑪莉茹・菲夏／丹麥／醫生

真正的幸福來自於經驗，是在每天的生活中由許多喜悅一點一滴累積而成。

不方便並不會感到辛苦，反而會覺得開心

北歐人擁有度假屋這件事，前面已經提過好幾次了，但這跟我們想像中的別墅完全不一樣，它具有一個特色。

那就是，非常的不便。

住在芬蘭的提姆・雅魯文，在距離首都赫爾辛基約一千兩百公里的地方有一間度假屋。那裡沒有電，也沒有自來水，最近的一家商店在距離七十五公里外。

「差不多都只待一個星期左右，夏天傍晚和凌晨的天空就像白天，根本不用開電燈。因為沒辦法充電，帶行動電話也沒用。在大自然中，遠離電視、電腦等物品。在這裡生活，可以讓心平靜下來，有一種被淨化的感覺。」

提姆・雅魯文／芬蘭／家具設計師

在採訪過程中，有不少人提到度假屋，大家的度假屋似乎都位於不方便的地方。

「在芬蘭，度假屋通常會蓋在能讓自己跟大自然接近的地方。水當然要到附近的井去汲取了。」

艾爾多．德魯納／芬蘭／NOKIA員工

「在什麼都沒有的地方，有很多事情可以做，像是砍柴等等。這些事就能讓人忙一整天了，時間很快就過去了。有許多事可以做，真的非常開心。」

妮娜．可利安達／芬蘭／Iittala出版社

跟〈從節約到選擇〉（參考72頁）很接近，同樣也是要「特地」去住。**在事事方便的時代，「特地」去追求不便**。如果是勉強去做的話，可能會覺得很不方

便，而且相當的辛苦，但若是特地去選擇，應該就會發現樂趣了。

我所居住的夏威夷，雖然不便程度比不上北歐的度假屋，但就某種程度來說，也不是太方便。因為有大型賣場，所以要買生活雜貨和食材等，並不會覺得不方便，但如果要買像是鐵人三項的用具，或是家具等專門物品時，就相當的傷腦筋。就算能郵購，但因為必須從美國本土寄來，所以需要相當久的時間。就連書籍，如果是在日本跟亞馬遜書店訂購，今天訂明天寄到是很理所當然的。但因為夏威夷沒有服務據點，因此寄送還是需要一點時間。

在日本，只要不是非常偏僻的地方，走路十分鐘就一定會有便利超商。但如果在夏威夷進行馬拉松訓練的話，就可能會遇到「從現在起，之後的二十公里不會有任何商店」的情形。超級不方便，而且會讓人感到不安，但我只能抱著船到橋頭自然直的想法，繼續的跑下去。

或許會覺得在這種地方生活，根本就是一件不可能的任務。但是現在，行動通訊技術進步神速，就事情的聯繫來說，完全不需在意場所，變得相當的方便。善用這些設備，能夠讓工作變得更有效率，不方便之處反而有趣。而這能成為新的刺激，讓滿足閾值下降。

在每天的生活中，都會有令人感激的事，這應該是接近幸福的方法之一。

成長比加薪好

「比起金錢，精神是否充實更為重要。」

聽到這句話，應該會有人提出「不對吧，我的目標是要讓薪水增加1.5倍。難道不可以嗎？」等不同的論調。當然，我並不否定這種看法。但如果是在將薪水擺在第一位的世界，那倒還無所謂，但未來的時代並非如此。即使拚命的工作，薪水還是有可能減少。從時代趨勢來看，似乎不該從金錢追求幸福。

「努力工作」的目的，以及帶來的喜悅，並不是只有薪水上漲而已。在北歐採訪時，曾詢問當地民眾，怎樣才能讓工作更有樂趣。金錢當然重要，但大多數的人卻回答「想做更具挑戰性的工作」或「想做能帶來成就感的工作」、「希望能夠成長」。他們希望從工作上獲得體驗及精神上的滿足。

「比起金錢，更重要的是工作內容。挑戰性的多寡相當重要，因為這顯示出這份工作究竟是有趣還是無趣的。在前面三個月，或許高薪能夠讓人感到滿足，但卻也會讓人想得到更高的薪水。」

克莉絲汀・柏拉拜斯／丹麥／不動產業務

「最重要的是，自己所做的工作得到不錯的評價。接著再去挑戰更高水準的工作。當然了，有不錯的薪水，以及合得來的同事也很重要，但那是之後的事了。」

波坦斯・帕克萊頓／瑞典／Microsoft職員

反觀現在，在草食系年輕人中，或許也有「因為對物質沒什麼慾望，也不需要錢，所以就不想努力工作」的人。

在氣候溫暖、能夠自給自足的夏威夷，有極少數的原住民選擇不工作。如果對那個人來說，不工作會比較快樂的話，那麼鼓勵他要「努力」，反而多此一舉。但要是選擇了工作，而工作在人生中占去大部分時間的話，就可能會產生壓力，而這對幸福感會有非常大的影響。

會有「工作真的很快樂」的感覺，不管是以團隊方式來產生成就感，或者是假設薪水不高，卻能自我成長，都能讓工作變得很愉快。只要精神方面充實，並且覺得愉快，就不會感到壓力。透過工作讓自己成長，有新的挑戰，並從事有趣的工作，應該都能讓自己更具有將來性。

從「量重於質」中逃脫

努力工作的目的，不是為了要跟金錢畫上等號，同樣也不是為了打發時間而已。

在北歐接受過採訪的人當中，有一位佛羅史帕克・田中聰子。她是日本人，原本在日本工作，但因為先生是丹麥人，所以移居到丹麥，到丹麥的總公司繼續工作。工作內容幾乎相同，但在日本常常需要工作到很晚，而在丹麥，只要工作八個小時就結束。周遭的同事都盡快將工作做完，因此自己也得變得跟他們一樣。**效率不佳是危險的，因為會被貼上工作能力太差的標籤**。

「日本的公司會有很多不成文的規矩。主管沒走，部屬就不能離開。或者為了配合客戶，就算已經過了約定的時間，還是要等下去。把時間浪費在一些毫無意義的事情上，因此工作時間才會拉長。」

佛羅史帕克．田中聰子／丹麥／船舶公司員工

話雖如此，但也不可能在一開始就說得出「我的工作時間就只有早上九點到下午五點」。為了讓事情更有效率，在達到某個程度之前，必須經歷過「重量不重質」的階段。在白做了許多工作之後，一定會有新的發現。

譬如，鈴木一朗的打擊姿勢，看起來好像沒有使出太大力量。我認為他的打擊方法絕對是很有效率的，但這並不是一開始就具備，而是經過嚴格訓練累積而成的。

不管是棒球、高爾夫或是網球，從事運動時，最後都會發現「放鬆的話，成績會比較好」。當發現「幹嘛要這麼用力」的瞬間，也是進步的瞬間。而這應該也是擺脫「重量不重質」迷思的瞬間吧！

在年輕的時候，或許會熬夜準備資料，又或者自己一個人到客戶那裡推銷。有些事情就算不是在公司加班完成的，也能夠在家做好。

不是鼓勵你「長時間工作」，而是為了能更有效率的工作，必須經歷這種階段。要是跳過了此過程，那麼應該也很難擺脫「重量不重質」這個迷思！

在訪談中，擔任某公司業務部長的湯瑪斯・佛羅斯特表示：「如果從年輕的時候開始，每星期就只工作三十七個小時，我想應該很難把工作做好吧。」

「就像練習足球，只要在練習場待兩個小時，就一定能進步嗎？花了四小時練習還沒辦法進步的話，應該是不會善用時間。當然，這代表了訓練方法錯誤了。」

湯瑪斯・佛羅斯特／丹麥／網頁設計公司

就像聽子女士，她如果在丹麥工作，那麼不管工作時間縮短了多少，都還是得

做出成績。而湯瑪斯先生表示，在旁提供協助是主管的責任。

即使是現在，日本公司仍有工作時間越長，代表越認真負責的看法。但事實並非如此，必須要有「待在公司的時間越晚，表示能力越差」的認知。要是公司無法認同，我想這間公司應該很難有所發展。當然前提是，員工的工作效率本來就很高。

從他人軸心轉變成自我軸心

在學生時期，覺得自己不適合到大企業工作的理由之一，就是「沒辦法決定自己的工作內容」。目前這種情形還是非常多見，像希望能從事業務的人，卻被分派去做完全不相干的工作。

這在北歐國家是絕對不可能發生的。譬如說，從事有關行銷方面的工作，或是

從他人軸心轉變成自我軸心

學生禁止
染髮！
老師
最好還是去
工作吧！
父母親
自己
差不多該結
婚了吧！
友人
不買房子嗎？
同事

別受到周遭人的影響

對自己而言，什麼是幸福？
自己真正想做的是什麼？

想進到投資部門的人，從學生時期開始，就必須學習工作相關的技能。成為社會人之後，如果想要轉換工作領域的話，就必須從頭開始學起。

在日本，工作常常跟在學生時期所學的知識無關，進到公司後，可能會被分配到完全不同的領域工作，因而中途轉換工作的人相當多。從某種角度來看，或許這種作法也合理，因為太早決定自己的職業似乎有點勉強。但就這樣四十年、五十年下來，過著自己完全無法掌控的人生，是一件相當危險的事。

尤其是進到規模較大的企業工作，受到公司的保護，那麼判斷標準及建立新價值觀等能力就會逐漸消失。就這樣循規蹈矩的遵守「這個時間接受升遷考試」、「你就被派到這裡」或「轉調到這個營業據點」等，在已經鋪好的軌道上行駛，慢慢地就不會對眼前情形感到疑惑，也不願意再自己思考了。

若也很快樂，那倒還好。但轉調真的適合嗎？還是等你到了跟已有二十年社會經歷的我同樣的年齡時，雖然很想做業務，卻被公司指派「你去負責總務」，這樣的指示你可以接受嗎？如果連懷疑都沒有，甚至無法做出任何決定，我想這更可怕吧！

接著，你會隨著周遭的人起舞，其他人買了房子，就會覺得「我也絕對要買」，有人換了新車，心裡就會想「三年換一輛新車是很正常的」，然後就會越來越不曉得自己想要的是什麼。

不論是工作還是遊樂，能夠體驗各種事物是很重要的。但在過程中，如果沒有做好自我判斷的訓練，就只會被其他人影響。在不知不覺中，會連什麼是對的，以及自己想要做什麼都不知道了。

改變每天固定的生活模式，去享受變化

二〇一一年，我做出「今年是移動年」的決定。然後把日本的家，日本的辦公室，以及夏威夷的家，這三個地方一起搬遷了。

日本的家住了十年，日本辦公室租了七年，夏威夷的家則是住了五年。每個地方都已經住了一段時間，而且又沒有覺得不滿意。

那麼為什麼還要搬家呢？因為我覺得，**如果一直待在同一個環境，想法也會變得無法變通**。當然不變動就不會累，搬家是一件相當麻煩的事。但我還是期待變動後所帶來的變化，那就是讓想法更具有彈性。

其實也可以今年先搬住家，明年再搬辦公室，後年再……一般人都會這樣安排吧。但因為我的意志力薄弱，因此若是給自己「三年」的時間，最後絕對會無疾而終的。雖然有點勉強，但還是下定決心「如果要搬，那就一次搬完」、「不論如何，今年一定要搬好」。

現在我過著往來夏威夷和日本的生活，大概有半年時間會待在夏威夷，四個月會住在日本，剩下的兩個月則會去紐西蘭或澳洲等國家旅遊。就算只有如此，我想應該還是比一般人更常移動，而且也已經體驗過許多的變化。但「我還要再做些什麼」的想法卻仍然非常強烈。而且我十分相信自己「現在應該這麼做」的第六感。

這確實不太容易做到，但卻能讓你有豐富的收穫，因為這能讓你發現許多新事物以及新的邂逅。

在這千變萬化的時代，**最恐怖的是被毫無道理的常識束縛**。想要遠離它，就絕對要定期採取具建設性的破壞。

請大家一定要自行尋求變化，喜歡變化，享受變化。如果搬家太難的話，也可以試著改變每天上班的路線。另外也可以試著走進平常不會逛的店鋪，或是吃平時不會吃的食物，跟平常沒有來往的人見面。

每天走固定路線去上班，中午都吃一樣的午餐，只跟公司同事來往，這樣只會讓腦袋變僵硬。你可能會深受那間公司的固有觀念和團體價值觀影響。

chapter-03

為了自由生活必須放棄的事情

找出對自己來說，最為重要的事

要是「想嘗試雙城市生活，但也想在市中心或郊外買很昂貴的宅邸」，或「想過雙城市生活，也很想開高級車」的話，那麼沒有錢確實是辦不到的。抱著「這個跟那個都很想要」的態度，是不可能變幸福的，這在前面已提過許多次。想變幸福，就要先知道對自己而言，什麼是最重要的，什麼又是不重要的。

問想交男朋友的女孩她們的擇友條件，應該會聽到「身高要高，要有錢，然後還有……」吧。而通常就是這些人，不太容易找到對象。

會說「因為他不夠高」或「我不喜歡他這個地方」的人，永遠不會有結果。因為不可能有完美無缺的人，若是連自己都不知道哪一個部分是絕對不能妥協的，

對自己最重要的事

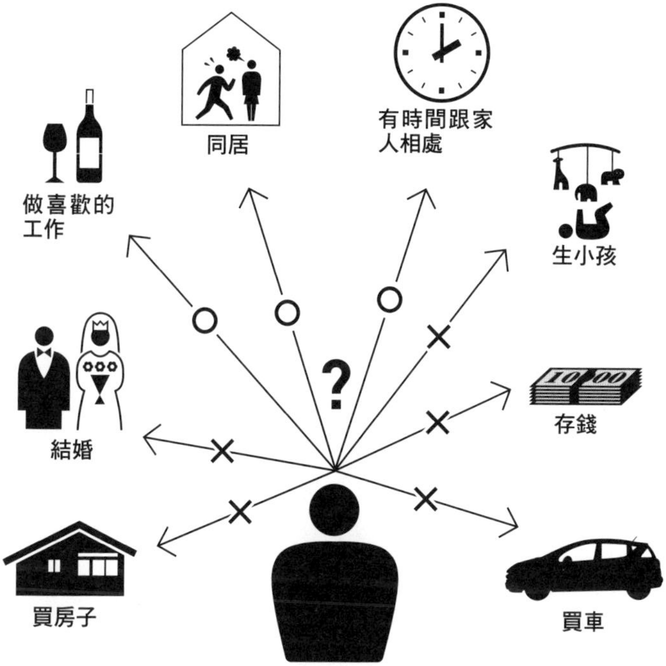

決定自己應該走的路，
找到快樂的生活模式。

哪個部分是可以睜隻眼閉隻眼的話，那麼等警覺到情況不對時，不知已經浪費掉多少寶貴的時間。

只要能明確曉得什麼是重要的，就能夠捨棄掉那些不必要的。與其說精簡，我想「刻意捨棄」應該更為貼切吧。這樣就能清楚知道自己想往哪個方向前進，自己的幸福是什麼。

無法決定自己該如何走的人，會經常覺得不快樂。那是因為不知道自己心裡是不是真的快樂，所以當然會有這種感覺。沒有滿足感，就會「想要更多」。過去，只要能夠擁有公司和社會所給予的，就會覺得幸福。但現在這個時代，必須要經過一番思考之後，然後再去選擇自己所認為的幸福。所有人應該都要這麼做。

佛羅史帕克・田中聰子結婚之後，在丹麥展開新的生活，她認為丹麥要比日本進步三十至四十年。在過去，丹麥的稅金並不高，而且也重視禮儀和上下關係，這跟今日的日本非常相近。

「因為是以移民身分長住，所以也跟當地民眾一樣，生活不富裕，且同樣也需要支付高額稅金。由於物價也很高，因此所有人都要很認真的工作。但丹麥的平等恐怕是日本難以仿效的吧！」

佛羅史帕克・田中聰子／丹麥／船舶公司職員

說不定日本也能跟丹麥一樣，朝相同的方向發展。

然而，不管是北歐型態、夏威夷型態或紐西蘭型態，雖然幸福感指數都相當的高，但三者又非全然相同。如果單純就只是模仿的話，我想應該還是沒辦法達到幸福的。

選擇適合日本的型態，再加上些許創意，然後應該還要捨棄某些東西。總之，幸福要靠自己去發現。

豐富的薪水及經費是令人感到喜悅的老舊手段

接下來要談一些比較具體的，像在過去，證券公司的分公司主管階級，除了有配車外，還附有司機。甚至有許多人是「為了車子努力工作」，他們覺得這樣就很幸福了。

後來為了節省成本，廢除了這項福利，聽說那時有人為此而做出抗爭。可見對努力工作，升遷為分公司主管的人來說，附帶司機的車子是多麼重要的條件。

從公司員工的立場來看，我非常能體會當心中描繪的幸福景象突然消失時，有多麼的失望。但如果因為附帶司機的車子才努力工作，或者是因為這樣才會開心的話，聽起來總覺得有點奇怪。

在我家附近，也有每天乘坐公司派車去上班的高級主管，但從某一天開始，他突然變成每天走路上班。我記得，他看起來相當的落寞。

等到退休，或離開那個職位時，公司配給的車子就會被收回。因此，與其擁有重要但終會失去的東西，那麼最好在一開始，這個東西就不存在，又或者該早早捨棄。

因為出差而搭乘商務艙或頭等艙，或是用公司的經費招待顧客到三星級餐廳用餐，還是住在高租金的公司宿舍，這些其實也是一樣的。

要是把這些福利當作辛苦工作的代價，那麼不如能愉快的工作，花自己賺的錢，坐經濟艙出門旅行，又或者在家附近找間美味的居酒屋，輕鬆的享受美食。但我想現在還是有不少人會說：「公司讓我有機會可以去各個地方」或「可以利用公司的經費」。

過去，這些用束縛所換來的幸福，只要在公司職位越高，就擁有越多「特殊福利」。但現在，能提供這麼好的福利的公司，應該所剩不多了吧！

什麼是重要的，什麼又是該捨棄的。如果沒有明確的認知，就會覺得能拿到公司津貼，可以使用經費非常誘人，並且願意為它而努力，又或者會為了特殊待遇進入公司。但這是公司原本就會給的福利，跟個人是否有工作能力無關。

其他還有「能夠拿到很難買到的票」、「有人會給樣品」、「可以買到便宜的衣服」等等。要是既可以得到好處，工作也很有趣的話，我覺得那也不錯。如果是「食之無味，棄之可惜」的話，那麼我想就完全不用考慮了。

相反的，最好不是抱著「雖然工作很無趣，不過可以用公司經費來吃喝，那就繼續忍耐下去」的想法。這是**「錯誤的權衡」**。

把舊式喜悅誤以為是幸福，或是當作目標的話，那麼請你立刻停止。如果是用舊有形態經營的公司，那麼我想這間公司本來就是如此，而在那裡工作的你，當然也就不會發現異樣。

對你而言，什麼是真正重要的？作為被公司束縛的代價，是不是太高了呢？

與其決定想做的事，不如決定不去做的事

決定不做的事情，應該能讓方向更為明確。我曾經在其他本書裡提過這個想法，但因為它非常重要，所以這裡想再次說明。

每天都會製作待辦工作事項表的人，應該不少吧。但我反而是製作「免做事項明細表」，譬如在上面列出「營業、推銷」、「準時上班」、「轉包」、「過著被截止日追逐的生活」等項目。

經常可以在商業書籍看到：「請寫下你的目標，以及想做的事。」如果是「應該做的事」還說得過去，但「寫出你想做的事」就沒太大意義了。大部分的人都不太清楚自己想做什麼，並且很容易把它變成是現實目標，主要原因是長遠目標不易訂定。

不用做的事情，通常都是可以輕易看到的問題。容易設定目標，只要決定「這種事不適合自己去做」、「不會有好的結果，而且自己也不快樂，所以就別去做」，那麼就能避免把心思用在不需要的事情上了。

刻意減少選項，那麼或許就能像「雖然沒有興趣，但因為可能會賺到錢，就勉強去做吧」那樣，從少數選項中做出複數的選擇，不會只專注於眼前事物。專注於眼前的事，會讓人感到壓力，容易發生問題，不會有好的結果。最後，還可能喪失其他的工作機會。

偶爾查看一下待辦事項表，藉著確認「這件事情還沒做啊」，讓自己不要走偏了方向就好。

決定「不去做的事」之後，剩下「要做的事」就全都是快樂的事了。能夠去做喜歡的工作，我想結果應該都會不錯。因為不會有壓力，當然也比較容易覺得幸福。

「全部都想去做」跟「全部都想要」是一樣的。

決定不做的事比較重要

想做的事&應該做的事

To Do明細

寫mail給〇〇先生

調整磋商的日期

〇〇的案子，遞交估價單

完成企劃書，整理資料

⋮

→

不用做的事

營業、推銷

準時上班

轉包

過著被截止日追逐的生活

⋮

(!) 決定不用做的事，
這樣方向會更明確。

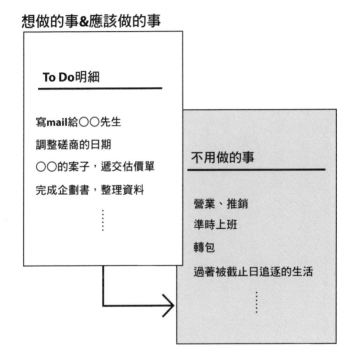

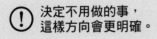

越是想自由自在的生活，選擇項目就會越變越多，若沒有事先篩選一下，就會不知道自己要的是什麼。決定「不去做的事」，其實就是幫自己設定一套標準。

與其過著擁有很多雜物的生活，不如試著簡單生活

在前年，我嘗試把位於東京的辦公室和住家，還有夏威夷的住家一起搬遷，然後發生了讓我錯愕的事情。

平常就希望自己能夠過著簡單的生活，因此盡可能不讓東西增多。實際上，比起周遭其他人，東西的確是少了很多，當然每年年底都會進行大掃除。但就算如此，已經住了十年的東京住家，還是囤積了相當多不要的物品。

搬家的目的之一，就是能夠重新做個整理。最後要丟掉的，竟然有兩輛卡車之多。搬到新地方的，大概只有過去的三分之一，搬家公司的人也驚訝的說：「要丟棄的物品真的非常多。」

舊的電腦，以及沒在用的錄音機、衣服等。還有上次搬家時也沒發現的資料，竟然被藏在某個地方。雖然以後可能還會用到，或是可以再拿出回憶的東西，但因為我知道不需要，所以狠下心來全部丟掉。

但有趣的是，大學時期使用的萬用手冊不知從哪裡跑出來，上面記著「將來要在夏威夷開間居酒屋」和「想寫書」等內容。雖然覺得留下來紀念也不錯，但最後還是全部都丟了。

新家大概是舊家的1.5倍大。但因為裡面擺放的物品只有現在的三分之一，所以空間感超乎想像。當東西擺得很擁擠時，會讓人有一種快要窒息的感覺。這次搬家之後，在家的時間想必會變得更為舒適，所以今年我想增加在家用餐的次數。

對目前正在考慮搬家的人，**建議要「無條件捨棄」。考慮不超過三秒鐘。如果有任何猶豫，就多瞧它一眼，留在記憶裡，或者是拍照留念，然後馬上丟掉。**

最厲害的，就要像高城剛先生那樣，沒有家，只帶著一個行李箱移動，我想這一定很輕鬆。現在我還沒那種勇氣，但就長遠來看，非常值得去嘗試看看。

現今的社會，很容易就能減少身邊的物品。就像iPhone，就是同時具備了隨身聽、相機、記事本、時鐘等功能的商品。要是在十五年前，想帶著具同樣功能的商品到處移動，恐怕得先想辦法解決如何把資料輸入進去的問題。但現在不但能夠下載、保存資料，所占記憶體也不需要太大。

過去經常拿著雜誌四處跑，但現在只要把需要的部分拍下來，就能把整本雜誌丟掉了。活用iPhone等數位科技，就能減少許多不必要的物品。當然，家裡也不要擺放多餘的東西，這樣心情就會舒暢，也不會為了想買東西而去購物。

比起持續下去，不如先重新設定吧！

在二〇一〇年元旦，我設定了「減少（reduce）、重新設定（reset）、重建

（rebuild）」的主題，現在仍以它為行動目標。

第一項「減少」，具體來說就是減少物品。接著的「重新設定」，譬如同時搬遷三個地方。然後重新審視自己的生活型態，而這就是「重建」（重新建設）。

這三項主題會產生什麼樣的效果呢？首先，減少物品能讓心裡非常舒暢。而且能**實際感受到創造力的提升**。要是習慣了身邊有許多物品的生活，一旦要去重新習慣物品變少的生活，應該會感到很害怕吧。但如果不這麼做，就無法順應逐漸改變的時代，難以感受到真正的幸福。

當然，在工作方面有能讓人努力去「持續進行的事情」也很重要。但要是因此而讓思考變僵硬，無法接受新的挑戰，這樣反而更恐怖。

尤其是當你想追求新價值觀和幸福時，必須否定過去所做的、以及固有觀念，否則你將會被「以前就是這樣」的舊有想法束縛，如此繼續追求舊式喜悅的結果，就是變得不幸。

鼓起勇氣，按下重新設定的按鈕。

搬家是一個很容易重新設定的方法。一直住在相同的地方，應該是非常舒適的。就是因為住得習慣，所以才能長住。但不妨試著去破壞這讓人感到舒適的狀態。

從辦理各種手續開始，當然會有很多麻煩事。但因為搬家能讓自己變輕鬆，並且方便活動，所以會讓人想去嘗試新的事物。以工作來說，大概類似換工作吧！

別人是別人，而我就是我

現在是生活型態多樣化的時代。

在過去，對生活的計畫大多是「二十七、二十八歲結婚，三年之內，可以生兩到三個小孩。然後再買間房子……」非常簡單明確。因為妻子要待在家裡當家庭主婦，所以通常都會希望能趁年輕趕快生小孩。

但在現在，即使生了小孩，夫妻同時工作的情形還是很普遍。因為夫妻兩人都希望在工作方面累積一點經驗，所以生產計畫延後，在我身邊就有不少四十歲左右才生小孩的人。

結婚的年齡也是一樣往後延。談話性節目經常會拿藝人的「年齡差婚姻」當作話題，但現在就算相差二十歲也完全不奇怪。

相反的，有些情侶覺得結婚存在著相當的風險，不願意去挑戰，所以選擇同居。這次前往採訪的瑞典有**「同居」**，芬蘭有**「註冊伴侶」**的制度，也就是**同居伴侶享有和夫妻相同的權利**。

光是結婚和生產，就具有各種不同的生活型態。因此，跟其他人比較似乎沒太大意義。

我們現在還是會常聽到「因為鄰居買了車，我們也差不多該換台新車了吧」，或是「公司同事買了新家，我也該開始打算了」的說法。

生活是如此多樣化，為何要被同社區、同公司等小團體的價值觀左右呢？只關注朝相同方向前進的人，就不可能往其他方向看。這不但非常恐怖，而且會不自覺的與時代脫節。

拿自己的價值觀跟其他人做比較，其實一點意義也沒有。

因為過去只能從物質來判斷是否富裕，因此大家都會去跟別人做比較。但不知從何時起，眼睛可以看到的東西減少了，開始追求精神上富足的時代來臨了。因為新的幸福是無法用眼睛看到的，所以不會是個競爭的時代。

克莉絲汀・柏拉拜斯在小時候，父母經常跟她說：

「不要去在意別人擁有什麼，而是要了解自己所擁有的有何價值。」

克莉絲汀・柏拉拜斯／丹麥／不動產業務

意思是「別人是別人，而我就是我」。

在有限的社會中，評價是毫無意義的

美國的產業心理學家，亞伯拉罕．馬斯洛（Abraham Maslow）假設「人類是會追求自我實現而成長的生物」，並且將人類需求區分成「生理需求」、「安全需求」、「隸屬與愛的需求」、「尊嚴需求」、「自我實現需求」五個階段。

隨著幸福型態的改變，人類需求當然也會跟著產生變化。除了對物質、金錢和時間的需求之外，另外還有其他的。我注意到的是馬斯洛的需求第四階段「尊嚴」。所謂「尊嚴」也就是被其他人認同、承認，簡單的說，就是得到周圍的人「你真的很努力」的評價。

過去的日本，相當在意是否能得到公司等團體的認同。因為升遷與否，或是公司內部獎勵等，都與該企業文化息息相關。

但在未來的時代，如此受到限定的認同已經沒有意義了。不管有多少人說：「你非常努力」，但這個評價能否持續下去，沒有人知道，因為說不定在哪一天，公司可能面臨倒閉，然後就此消失不見。常常看到這樣的例子，本來在公司十分優秀的人，在換工作之後，可能因為受到太大壓力而無法發揮原有的水準。

當然，因為努力而得到好的評價是很偉大的，而且也值得稱讚。但千萬不要只是覺得開心而已。

我本來就認為，有不少人即使在公司沒有受到重視，但出了公司之後，卻能夠發揮才能。公司外的人給予很好的評價，但在公司，為何其他人會覺得「那傢伙欠缺協調性」呢？

就像受到世人所敬仰的賈伯斯，如果他是業務員的話，會有那麼好的評價嗎？周圍的人肯定會避而遠之吧！

另外，在德國足球甲級聯賽相當活躍，並且擔任日本足球代表隊隊長的長谷部誠也是一樣。如今的他是具有協調性，善於調配的理想隊長；但在高中時期，也是一個不太顯眼的選手。有趣的是，別人曾說他只照著自己的意思做事，是一個強烈「自我中心」的人。

但就算在公司和學校的評價不太好，也千萬不要意志消長。在小團體不受到重視的人，或許在大世界就能一展抱負。環境改變，別人對他的評價也會驟然轉變。就像長谷部選手那樣，從被認定的負面特質轉變成正面的。

請別在乎不知會存在多久的小世界對你的評價，對你而言，**應該要去追求不特定多數的，更寬廣的世界對你的評價**。

因為即使公司倒閉了，這些評價也會繼續說：「你真的很努力。」

別依賴金錢，而是多下點工夫

「沒有預算就不可能完成那項計畫」、「要是被減薪的話，日子就過不下去了」、「因為沒錢所以不能去留學」等。不論是在工作或個人生活，常有人喜歡把這樣的煩惱掛在嘴上。

日本經濟目前處於走下坡的狀態，已經不是能期待薪水上揚的時代。在這個時代，如果把「沒有錢」當成理由，那麼問題就永遠無法解決，人也不會變快樂。沒錢就要想出沒錢的作法。

電影製作費給人金額相當龐大的印象，但像前不久相當賣座的《厄夜叢林》，證明了還是有可能儘花費數百萬就能完成賣座電影。

過去的電視界，也曾揮金如土的使用製作費來製作節目。但因為現在沒辦法支付龐大製作費，所以必須不斷嘗試用最少的預算，製作出有趣的電視節目。

沒錯，沒錢的話，只要下工夫就可以了。

私生活也是如此。覺得「因為被減薪了，以後的生活會變得很無趣」也是錯誤的。可以換一個自己想做的工作，或是減少外食，改成自己煮飯，或者選擇物價比較低的地方居住。

過去要是沒有錢就不容易實現的留學，現在有各種可以變通的方法。能申請獎學金，或是不用到學校上課，而是取得J-1簽證前往國外實習，或是到外國打工賺錢也是一種方法。

就算沒有錢，只要願意花工夫，應該就能讓事情變有趣，讓人生變得更愉快。請丟棄「依賴金錢」的想法吧。**沒有錢就萬事不能的想法，可能會讓你錯失下工夫的機會**。不改變想法的話，就無法接近幸福。

不需要太多的設備

前面稍微提過「比起擁有很多，沒有太多物品的生活較幸福」（參考140頁），因為iPhone等智慧型手機的出現，身邊不須攜帶太多物品的時代已經來臨。在未來，甚至連一些設備也會逐漸被淘汰，或是不需要帶著四處跑。

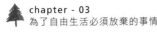

譬如，ＰＣ、數位相機、隨身聽、電子字典等。這些功能iPhone全包了，或是用App就能全部搞定。平常我都使用iPhone，而過去很少用的數位相機，資料豐富的電子字典和iPod等，現在幾乎都不會帶它們出門。

今後，可以利用智慧型手機上網，或與ＰＣ連線，而電池的使用時間也變長。因為科技進步快速，所以應該要多想一些「能減少設備」的點子。

為了能像游牧民族般到處遷移，首先要解決沉重行李的問題。想要輕鬆生活，就要實際減輕物品的重量。

因為喜歡攝影而帶著相機四處拍攝美景，這當然就另當別論了，但要是像過去那樣，把需要的器材全部放進大包包裡的話，那可行不通。對喜歡攜帶小配備的人來說，應該會非常捨不得吧！

我因為往來於東京和夏威夷，所以必須帶著筆記型電腦行動。雖然如此，在目的地打開電腦的機會卻少了許多。需要鍵入比較長的文章就一定得打開電腦，否則像是回覆mail，或是把資料寄出等，不須使用鍵盤就可以完成，所以根本不用打開電腦。

不局限於辦公室，如游牧民族般的工作，卻還能減少在外面使用筆記型電腦的次數，真的非常不可思議，但這也證明了，一台iPhone就能包辦所有必備的功能。

有捨，才有得

接下來我要談的與設備有關，而這並不是「丟棄」或「減少」那麼直接。

在外面使用智慧型手機，但是在辦公室、家裡等，當環境變成可以使用筆記型電腦時，最重要的是，要讓作為母艦的筆記型電腦能跟智慧型手機即時同步。要是發生「手機沒這份資料，所以要開電腦查」情形的話，那就毫無意義了。

以我來說，資料會以Dropbox、SugarSync、Evernote下載管理。企劃案最近會透過臉書來共有，所以資料會被存取到雲端硬碟，不太可能會因為找不到資料而沒辦法工作。

就算到夏威夷等國家旅遊，只要不是非常偏僻的鄉村，就能使用Wi-Fi，因此不論是去那裡，都能即時同步上網。最近有些航空公司正式將Wi-Fi安裝於機艙內，讓機艙變成了移動辦公室。

過去往來於日本和國外的游牧上班族，最感困擾的就是網路漫遊問題，現在直接帶日本的iPhone到國外，就能夠整天連線上網，而且只要日幣兩千元左右。或許未來SIM卡將不再受到限制，只要換上各國的SIM卡就能夠使用。

想快樂的工作，就要減少制約。

科技日新月異，有助於讓自由生活和工作都能更順利。

相反的，要是無法善加利用的話，即使居住在郊外或國外，應該也會遇到不少問題。假使最後還是得通勤上班，這不但白白浪費了時間和金錢，說不定沒辦法再繼續工作下去。因此，新設備和科技是不可或缺的，重要的是要學會經常運

想成為不受場所限制的游牧上班族

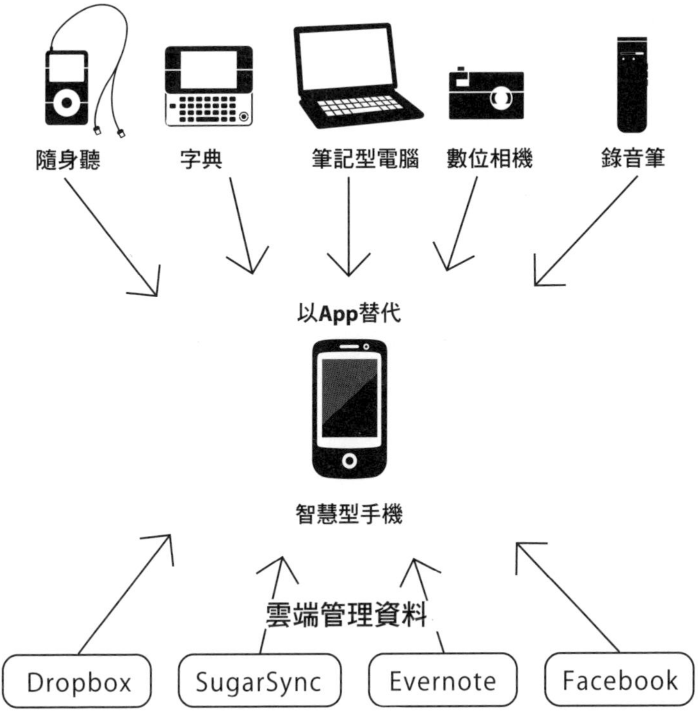

盡可能減少設備，新科技技術將不可或缺。

用、讓工作更有效率。

說到「簡單的生活」或「減少不必要的東西」，可能會讓人聯想到過去那種物質不充裕的純樸生活，但其實並不是如此。

我之前提過，之所以過簡單生活，不是因為「逼不得已才這麼做」，而是「選擇」。如此一來，為了具備個人收集資料和發送資訊的能力，懂得使用科技這項武器就成為不能欠缺的條件了。

「只要有時間，總會解決」的想法是錯誤的

參照北歐各國的經驗，可以預知日本的工作時間會逐漸縮短。但隨之增加的，就是「浪費時間」。也就是像看電視消磨時間，或是無所事事的待在家裡，這種不太具建設性的時間。

將空閒的時間用來提升自己的生活，幸福感當然會提高。就算突然有多餘的時間，但如何在使用時找到平衡點並不簡單，所以大部分的人就只是「有時間」而已。

原本認為「因為工作太忙了，沒時間做其他事」，一旦沒有工作了，卻意外發現沒有事情可做，這種情形時有所聞。或者是，平時不常在家，所以沒有可以待的地方。更可悲的是聽到「老爸，你到別的地方去坐好嗎」，像被當作大型垃圾般的惹人厭。

沒有事情可做，每天穿著西裝，在上班時間出門，然後到公園閒晃。如果變成這樣就慘了，而且是非常不幸的。

好不容易才有的時間，絕對不要浪費，**如果不想浪費時間，就要先想好自己究竟想做什麼**。跟家人和朋友相處，或是投入喜歡的興趣中，還是自我投資也可以，任何事情都能讓你的生活變得更豐富。

有了時間再去想，恐怕就已經太遲了。因為生活不是在其他人或時間的逼迫下，才勉強去安排的。

另外，請捨棄「只要有時間，自己就會有所改變」的想法。如果有人這樣想的話，那可是非常危險的。

舉例來說，就像要放暑假的學生。到學校上課時，總會想「如果有更多時間，就能好好玩了」或「可以讀很多書」，但開始放暑假後，整個人就會變得無所事事，連暑假作業都要等到最後一天才拚命趕。兩者的情形應該非常相似。

運動是能讓自己成長的最佳投資

提升幸福感的重要條件，包括「能按照自己的選擇行動」、「可以自我掌控」等。但這些條件會自己產生嗎，當然是不可能的。若你的運氣很好，或是生長在良好環境的人則另當別論，但一般人終究還是要付出努力的。

最近，或許是因為反映出社會的氛圍，在商業和自我啟發的書籍中，出現許多「不努力也沒關係」或「做什麼都沒用」等聽起來會很舒服的文句。

的確，「希望能加薪」或「在公司可以成功」的想法，不管多麼努力去追求過去的價值觀，最後還是會變成「很努力了，但結果卻不理想」、「還好沒去做」的情形。

想真正提升自己的程度，就需要自我投資和訓練。要是對這個部分有所誤解的話，就會不清楚自己到底是為了什麼而做的，若是不明究理的做下去，那麼當然很難持續了。

最適合做的自我投資和訓練是什麼呢？我認為是運動。

第一個好處就是，為了讓自我狀態變好，需要養成練習的習慣。而且運動也是**一種自我挑戰，能讓生活更加充實**。同時也能活用於工作和日常生活當中，可以虛擬體驗各種事情。

經歷各種失敗也是運動的魅力之一。以棒球來說，打擊率有三成就很好了，從失敗中能學到很多事情，讓人感到喜悅。不管是工作還是人生，要是只想擊出安打或全壘打的話，應該是不太可能的。

最後，**有沒有夥伴也是很重要的要素**。現在的我負責一個三鐵團隊，到了我這個年紀，很難遇到幫隊友加油和提供支援的機會。這種團隊關係，對未來而言，應該是非常重要的。

年輕時，有很多學校同學或社團朋友，想交朋友應該很容易，但出了社會之後，除了酒肉朋友和工作上的夥伴外，想發展出其他友誼關係並不簡單。

仔細體會在成為大人後，很難再體驗到的事，因為這能成為很好的人生參考，並且幫助你成長。但不是說這可以幫助你賺取金錢。運動並沒有任何的利害關係。

降低滿足閾值

談到金錢（參考149頁），我想大家應該都明白，人類的滿足感最後都會麻痺。

在小時候，譬如學會乘法，或是在運動會得到第一名，非常單純的事情就能讓人高興，但體驗過各種經歷之後，就會慢慢習慣驚喜，若非十分令人驚奇的事，是不會感到滿足的。

「因為（丹麥）沒有太大的夢想，我也跟著變成那樣了，而且只要能了解應該知道的，其他的就不必太勉強自己去了解。只要知道在自己的能力範圍內，可以做到哪些事就可以了。」

佛羅史帕克・田中聰子／丹麥／船舶公司職員

有上進心是件好事，但要是滿足閾值上升，就會經常覺得沒有滿足，心裡會產生「想要更多」的想法。而這就是讓幸福感下降的原因。

如果細微小事就能讓你感到快樂，讓自己的滿足閾值下降，那麼每天應該都能過得很快樂。而這就是發現**「咦？自己已經麻痺了」，然後重新找回感性**。

「薪水也是因為跟別人比較，才會有高低之分。假如住在生活水準比自己要低的地方，就會變得比較快樂，但如果是百般勉強，去住有錢人居住的地區，應該不會感到滿足吧！」

芭芭拉・瑪莉茹・菲夏／丹麥／醫生

住在夏威夷時，我經常會這麼想。譬如像是宅急便，日本的送貨時間相當準確，但這在夏威夷是不可能做到的。如果是比較差勁的宅配公司，就算指定了日期，也有可能不準時送到。電車的時間也是如此。在日本，準時被視為是理所當然的事。

還有重新注意到所謂的「當季」食材。基本上，夏威夷並沒有「食材季節」，總是吃差不多的食物。因此只要回日本，就能感受「快要能吃到美味的蕈菇」等樂趣。然而在日本的時候，根本不會把用餐跟四季聯想在一起，所以從沒特別去注意，甚至不覺得它很可貴。

如果認為是理所當然的，那麼就不會覺得幸福，只要有不同的體驗，接觸不同的文化，就會覺得每一件事「哇！太厲害了。」

閾值上升就表示，習慣了每天的生活模式，感覺已經麻痺了。經常去做不同的事，跟不同的人往來，就算不是住在夏威夷，也能讓閾值下降，那麼就算是微不足道的事，也會讓你覺得幸福。請各位也一定要試試看。

另外還有一件，是在我回到日本後，覺得很愉快的事。那就是可以吃到吉野家。我很喜歡吃吉野家，可惜夏威夷沒有。回到日本後，一定要去吃牛肉蓋飯，讓我感受一下小小的幸福（笑）。

chapter-04

尋找新的生活模式

比起在一間公司工作，最好是有「複業」

「複業」，也就是「有複數的工作」是很重要的。或許有人認為這跟「副業」相同，但我認為還是有點差異。

我不太喜歡傳統「副業」的說法，也就是主要工作之外還去兼差。所謂的「副業」，給人一種是為了輔助正職，賺取生活費或零用錢的印象，而這個想法似乎太過老套了。

在一間公司工作，就像是身為企業經營者，卻只擁有一家客戶一樣。要是那家客戶倒閉了，你也會跟著完蛋，所以通常都不會讓自己面臨這種險境吧！

對方應該也非常清楚這個狀況，當然就會抱著「我們公司是最大的客戶，要是沒跟我們做成生意的話，你就麻煩了吧。所以在價格上，要不要再打個折扣

非「副業」而是「複業」

副業

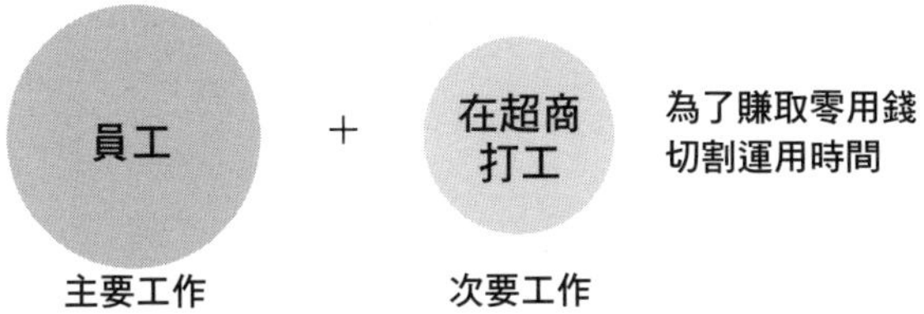

複業

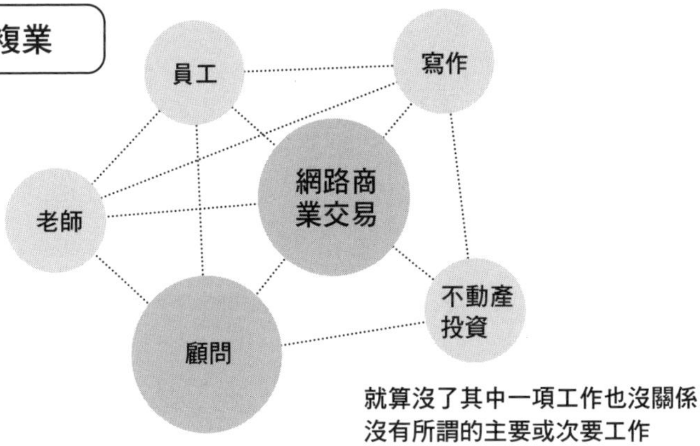

(!) 複業是一種避險策略，讓人不會受到太多限制。

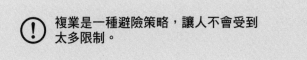

啊？」的想法。如此一來會使你失去交涉力。

只在一間公司工作，其實跟前面所講的情況很類似。因為沒有交涉力，所以就算公司表示「要是不這麼做的話，就請你離開公司」或「要減薪喔」，也只能乖乖順從了。

就算情況沒這麼遭，但假設你只在一家公司工作，如果當你表示「我希望能更自由的工作，所以一星期三天要在家裡工作」，那麼不管你多有能力，可能只會得到「你在說什麼啊？」的回應。

但如果有十家客戶，可能就有交涉的餘地了。因為並沒有依存關係，所以會出現「只要能做出成績，不論花幾天都沒問題」的結果，反而是對方來拜託你。如果情況是如此的話，就不必對對方百依百順的。

在各公司的公司規則中，通常都會有禁止副業這一條。除了是限制勤務時間外的行動，同時也剝奪了就業自由。如果因為在有競爭關係的公司工作，使用公司名片，或是因為從事副業而影響到上班時間、出勤次數等，有損公司利益的話，當然應該受到限制。此外像公務員，法律明文規定也是不允許從事副業的。

如前面所介紹，最近以製造業為中心，允許員工從事副業的公司逐漸增加（參考50頁）。

面對即將到來的時代，不認同「複業」會變成一件毫無意義的事。就連大企業本身，都無法保證能提供員工百分之一百的照顧，自然會走向「只要不妨礙到工作，可以到好幾家公司上班，或是做其他工作也沒關係」的趨勢。過去為了留住有能力的人，而提出「只能在我們公司工作」這種只對公司有好處的束縛，恐怕將很難被接受了。

「複業」也是一種避險策略，讓你能夠從各種制約中得到解脫。

但不建議你抱著「反正只是賺個零用錢，就找一個領時薪的工作吧」的態度。不是要你販售零碎的時間，而是希望你活用自己的能力和技能，以工作成果來賺取報酬。

最大的問題，在於從一開始就認為自己不可能做到「複業」。網路的普及使得人們的工作可以不受場所和時間的限制，這已不是天方夜譚。開始「複業」的機會將如雨後春筍般冒出來。

捨棄高級住宅，享受雙城市生活

房子是人一生當中，購買的最大商品。過去大多數的業務員，只要業績上升，薪水就會跟著調漲，所以才會以三十年、三十五年的貸款買房子。

但因為時代背景的改變，被房貸壓得喘不過氣來的人逐漸增多。花了巨額金錢買了房子，沒想到會因為房貸而備感壓力。

在第一章曾提到，其實還有另一個選項：平日住在市中心的小套房，然後在郊外買價格不太高的度假屋或周末別墅。即使每一間房子都很樸素，但這種生活模式卻讓人在精神方面變得很充實。

現在我過著夏威夷和東京的雙城市生活。在很久以前，我就希望能移居到夏威夷，但因為覺得當地的工作機會很少，所以希望能存一點錢，到夏威夷開一間居酒屋。

首先還是得存一筆資金，但這應該會花相當長的時間。因此我把目標放在五十至六十歲左右實現。現在想想，要實現一點都不難，但在當時，我是很認真的那麼認為。

讓我改變的，是「雙城市生活」這個想法。網際網路和行動設備等科技的進步，不論是在哪個地方都能工作，這讓我有了「或許不用真的移居」的想法。而實現這個夢想是在三十九歲那年，要比當初預期的時間提前了十年以上。

舉出實際例子會比較有趣，像是以新的觀點發現不動產價值的東京R不動產網站。在數年前，他們提出了在市中心擁有一間小型公寓，然後在郊外則有一間房子的生活模式。雖不像度假勝地或別墅那麼豪華，但他們介紹了許多位於郊外，可以讓人放鬆休息的物件。現在還有房總R不動產集團的網站。建築師且身兼東京R不動產董事的馬場正尊，也是透過房總R不動產購買了土地，並且蓋了房子，過著雙城市生活。

雙城市生活有許多優點，其中之一就是具有彈性。如果社會背景有了改變，也能因應狀況來改變生活模式。譬如馬場先生居住的一宮，因為衝浪而相當有名，所以假使他想停止雙城生活的話，也能很快找到買主或房客。

最重要的，就是要**從丟掉「有錢人才有辦法過雙城市生活」的老舊觀念開始**。因為不論是在哪裡生活，都不需要住奢華的房子。

通貨緊縮的時代，正是轉型為雙城市生活的好時機

就因為處於經濟衰退的現在，才是展開雙城市生活的絕佳機會。要趁著物價下跌，通貨緊縮的時候來做改變。

要是受限於「有兩間房子太奢侈了」或「出國旅遊的花費太貴了」等過去印象的話，就會錯失發現許多事物的機會。只要是聰明的消費者，應該就會了解雙城市生活的成本會比較低。

在通貨緊縮的時候，日本的物價是世界第一高的。外國人因為「一個漢堡竟然要一千日圓」而感到非常驚訝。但是現在，牛肉蓋飯大概要三百日圓，而在國外吃，卻差不多要七百日圓，在日本吃麥香堡，也只要三百到四百日圓。我想只要懂得選擇，日本的物價其實並不高。

就如同麻生太郎前總理在國會中，因為回答杯裝泡麵要四百日幣而遭到責難的情形一樣。「價格差不多是這樣」，這種對價格的印象已經完全不一樣了。

當然移動成本跟不動產物件的價格、租金也是一樣。如果現在還是以過去的租金來租同一個地方的話，那麼真的是非常浪費。

經濟變差，並非一定是不幸，只要善加利用，應該也能提高幸福感。只要不被舊有印象所影響，並且懂得學習。

我們回到雙城市生活的話題吧。我是在國外和日本過著雙城市生活，但就算都是在日本也沒關係，又或者都是國外也可以。

話雖如此，若追求的是「港區和中央區都有房子」，實在沒什麼意義。要想過雙城市生活，**應該選擇兩個環境不同的地方**。環境不同，居民也會不同，想法跟文化也不同。能接觸到不同的刺激，就是雙城市生活的原點。

另外，還可以利用收入差異，以及物價和住宅價格差異。比起市中心，郊區不管是租金或是生活費用都會便宜很多。因此，可以選擇兩個稍微有點距離的地方。要是搬到市中心的小套房，那麼就能用省下來的租金，在郊區租一間獨棟房子了。

平日穿著西裝在市中心工作，周末則穿著海灘褲、短褲在海邊閒晃。這樣的生活，不但會讓想法完全改變，而且也能拓展自己的才能。

就如同肌肉鍛鍊和跑馬拉松，要是一直做同樣的訓練，效果會比較差。因此，如果總是待在同樣一個地方，做著相同的事，想必也很難有新的發現。

雙城市生活的建議

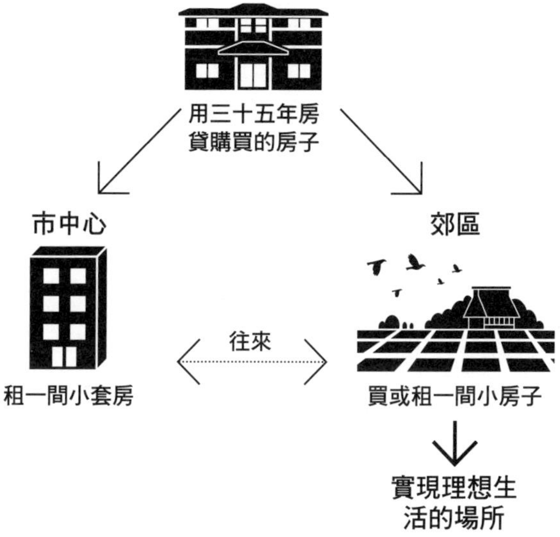

雙城市生活的優點

- 利用市中心與郊區的價格差異
- 能接觸到新的刺激和體驗
- 當社會背景改變時，能夠捨棄其中一邊

> **花5到10年的時間，準備好錢和打好基礎，不要太急是很重要的。**

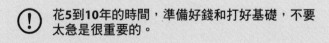

與其去討厭，不如把工作及遊樂結合起來

在夏威夷生活，經常有人跟我說「去衝浪嗎？真是羨慕」，或「東京是工作，夏威夷是休閒嗎？」

但我並不是為了休息才到夏威夷去的。我除了會去衝浪，也有在工作。藉著生活的轉換，可以接觸到不同的文化，有助於新創意發想，跟各式各樣的人往來，能讓想法更具有彈性。所有的事情，都是為了要帶給自己刺激而做的。

對我來說，工作和遊樂是沒有分界線的，不過還是要有起伏。一般認為「工作和休閒一定要做區分」，或「這是工作，那是遊樂」的想法是有問題的。就像「別墅」是老舊的想法，我們也不能將工作和遊樂區分成哪一個是主要，哪一個是次要。因為時代已經不同。

從前很難將遊樂與工作混為一談。就像網際網路和e-mail等科技也一樣，因為從文化層面來看，並沒有這樣的觀念。

但是現在，「沒特別想法」可能會變成一種工作。以我為例，像我非常喜歡葡萄酒，純粹因為喜歡而去學習，那麼也許可能會得到「當葡萄酒學校的講師」或「去紐西蘭的葡萄酒莊採訪」的工作，或者有機會成為自己投資的餐廳的品酒師，這些都能提升自己的能力。

要是從「既然學了葡萄酒的相關知識，就絕對要靠它來賺錢」為出發點的話，雖然也會找到工作，但卻會有一種「被強迫」的感覺。在無可奈何的情形下，才心不甘情不願的去做，當然不會有好的成果。所以，只要抱著「要是以後有收穫就好了」的想法，應該比較適合。

提姆・雅魯文的興趣是在大自然中釣魚或是打獵。這種生活模式其實也跟工作有關。

「跟朋友一起玩樂，或是去釣魚時，創意還是會源源不絕的出現。因為我不會坐在椅子工作，所以要是你問我哪時候工作，我也很難回答（笑）。每天都在工作，每天都在玩樂。」

提姆・雅魯文／芬蘭／家具設計師

我很喜歡老子，因為他的**「別人會幫你決定現在應該工作還是該玩樂。但對當事人來說，或許工作就是玩樂」**這句話，我非常的贊同。

最近讓我出現此想法的，是水產廳官員上田勝彥，他原本是漁夫，因為非常喜歡魚類，所以會前往日本各地的漁港，或是到各料理學校拜訪，假日也不會休息，四處介紹魚類的相關知識。他看起來真的很開心，就像在玩樂一樣，但卻也很認真的在工作。我非常認同他的做法。

把工作模式及生活模式結合起來

為什麼明確的把工作和生活作區分的「工作與生活平衡」會如此盛行呢？那是因為工作的內容是必須要作區分的。

當然，如果是坐在椅子上的「工作」，最好能夠有所區分。老爸難得早回家，如果回家後還是一直在整理公司資料的話，那就只是把工作搬回到家裡做。根本沒有回歸到家庭生活。

要避免此情形發生，讓**工作模式和生活模式能夠更完美結合，應該就會變得更幸福**。

我的友人，在紐西蘭過著雙城市生活的四角大輔，他以前在華納音樂工作，擔任絢香、Superfly等歌手的製作人。

他在西式毛鉤釣魚有職業的水準，也非常喜歡戶外活動，有時會在雜誌連載有關「我爬了這座山」或「我釣到了這種魚」等內容。不知從何時開始，生活上的興趣反而成了他的正職。

從興趣所發展出來的正職，讓他目前在紐西蘭相關企業負責宣傳及顧問等工作。

以前，就算他非常擅長西式毛鉤釣魚，但要讓別人知道自己有這項興趣是很困難的，現在則可以透過寫部落格或臉書，自動幫你宣傳。因為有媒體的幫助，出現了相乘效果。

今日，是媒體和企業非常容易發現有趣人物的時代。

要是在十年前，除了電視出現的名人外，其他人不可能有機會說「我的興趣是釣魚」或「請各位也去試試看」吧。但在現在，讀者反而會覺得一般人的經歷更真實、有趣。要說這是讓生活和工作充分融合的基礎，一點也不為過。

如果有擅長的事情，或是喜歡的興趣，請試著積極的發出訊息。因為能從平時的工作拿到薪水，所以就算只是玩樂也無所謂。**說不定哪一天，生活與趣會成為工作的一部分，讓你有機會轉換工作，出現好的結果。我覺得這是最理想的。**

實踐「雙城市生活」的心得

我在書裡提到好幾次「雙城市生活」。為了能有新的價值觀，希望各位讀者一定要去嘗試。接下來我想告訴各位，在開始雙城市生活時，應該要有的心理準備，以及必須知道的重點。

因為雙城市生活是新的生活型態，所以並不是說「從明天開始吧」，然後就能馬上進行的。

不管是我，還是大輔，並不是突然開始了雙城市生活，而是循序漸進的，從基礎規劃開始。當然時機也很重要。但假設在二十歲左右，貿然決定「三年後開始」，我想應該也會失敗。

所謂安排生活，就是決定人生的方向和型態，因此要以能夠持續下去為前提。如果抱著「只嘗試一年」的態度，那麼當成實驗或許沒問題，但絕對無法成為生活型態。

首先要有「將來要過著這種生活」的決心，然後再去思考「要過這種生活，必須採取什麼行動」。

就如前面有稍微提過的，從科技環境，或是價格差等條件來看，現在要實現雙城市生活是很容易的。

舉例來說，日本製造商會在亞洲設立工廠製造，然後把產品銷售到歐美國家的市場。要是變成「因為公司在日本，所以就只能在日本製造，在日本銷售」的話，壞處應該不少。

製造也跟生活型態一樣，會在生活費便宜的地方過日子，工作則是選擇能獲得高收入的地方，這樣應該就會產生不少好處。以製造業來看，我想用「工廠」是

「生活的地方」，而「市場」就是「工作的地方」來說明，應該就很容易了解。

若想實際去執行計畫，準備時間大概需要多久？以我跟大輔來說，因為必須自己摸索，因此需要二十年左右。但如果是科技發達的現在，我想有些人可能只要五到十年就能實現。

如果選擇市中心和近郊的話，那麼只要有心去做，我想應該能更快實現吧。只不過，還是要先建立各種的基礎，別以為在短期之內就能完成。如果是身邊有太多東西，或是不能以游牧方式工作的人，那麼就算想從明天開始就執行，恐怕也會馬上露出破綻的。金錢方面也是，要是沒有一點儲蓄，就突然開始雙城市生活，一定會非常辛苦的。

各位認為如何呢？實際嘗試之後，相信大家會發現它的絕妙之處。

以游牧生活來提高創造性

當年我在亞利桑那州的商業學校讀書時，認識了一些夏天會到避暑勝地科羅拉多州，冬天則在避寒勝地亞利桑那州生活的人。

他們要嘛就是到哪裡都能工作的特約商業顧問，不然就是稱為「避寒客」的藥妝店藥劑師。全美各地都有藥妝店，而且每個地方都缺藥劑師。因此為了確保優秀人才，冬天一到，公司就會讓他們移居到溫暖的南部，就像候鳥般的自由。

那個時候我根本沒想過，自己將來也能過著跟他們一樣的生活，只記得如此自由的生活方式，為我帶來莫大的衝擊。

開始雙城市生活後，為了實現同時在好幾個地方生活，所面臨的最大考驗，就是移動費用。

我覺得歐美在這方面非常的棒，因為ＬＣＣ（廉價航空公司）相當發達。前幾天，我也搭乘ＬＣＣ，從倫敦飛到西班牙，只要一百五十歐元！根據淡旺季，有時還能買到更便宜的機票，幾乎跟電車一樣便宜。雖然日本不像歐美那麼發達，但今後會有不少航空公司加入，相信移動成本會變便宜的。

ＬＣＣ給了我一個啟示，那就是現在這個時代，所有事物都變得更加精簡。然後會由此產生新的價值觀。

特別是必須降低價格的ＬＣＣ，將服務和成本減少到最低限度。但也不是所有的東西都省略。譬如說，美國的西南航空將服務乘客的方式交給每一位機組員決定，有些機組員會突然引吭高歌，也有會變裝的。因為這種服務方式，讓西南航空成為相當受歡迎的航空公司。

能夠這麼做，我想是因為出發點不同吧。ＬＣＣ之所以減縮成本，並不是因為經營出現紅字，逼不得已才如此的。完全是從精簡這個觀念為出發點，並且盡可能提供最佳服務，讓每位顧客都能感受到幸福。這應該就是新時代的價值觀吧！

從現在起，將會是**「移動」本身也是生活型態一部分的時代**。能實際過著這種生活的，最好的例子是布萊德・彼特和安潔莉娜・裘莉夫婦。他們除了自己的三個小孩外，還收養了柬埔寨、越南、衣索比亞的三個孤兒。雖然大部分的時間都住在洛杉磯，但是他們在南法普羅旺斯以及義大利的維羅納也都有房子，並且偶爾會住在電影拍攝地附近，真的就是在世界各地生活。

布萊德・彼特對這種生活的看法如下。

「希望讓孩子們能夠接觸偉大的文化，以及不同的宗教、生活模式。我想這應該是最好的教育。」

（《AERA》2011年11月28日號）

不只是小孩，大人也是如此。過著四處移動的生活，頭腦會變得比較靈活，包括工作在內，能夠找出適應時代變化的生活方式。

在過去，移動就只是出差或旅行等，具備某種主題的活動。現在，請把它放入真正的生活當中。就算一個星期只有一次也可以，在不同的地方工作或是過生活。就算只是一星期一次的游牧工作，或是一星期一次的游牧生活也沒關係。相信應該能體會到前所未有的刺激、體驗，並且萌生出新的想法。

海外調職、地方調職是新生活模式

說到「調職」，大概會有百分之九十九的人聯想到是在國內轉換工作。但能夠到國外工作豈不更好。

譬如，在國外設立新的企業據點，或是換到外商公司工作；能夠在國外當地公司工作也是選項之一，又或者是在日本人經營的當地企業工作也可以。

出國留學也是一樣。只要能在國外工作，每天都有機會接觸到不同人種、文化、生活模式，這跟一星期一次的雙城市生活相比，會承受更劇烈的刺激。

在北歐採訪時，有些人覺得自己尚未實現的夢想，就包括了海外調職和海外就職。

「首先，因為工作應該會很有趣，再來就是能在國外生活，同時學習該國文化和習慣。尤其是對小孩來說，能多學會一國的語言，世界也會變得更寬廣，這應該是十分重要的吧！」

艾爾多・德魯納／芬蘭／NOKIA職員

「將來想去加拿大或澳洲，從事地質學相關的工作。最大的理由就是，國外的工作比較好。將來也想留在瑞典工作。」

菲力克斯・馬可斯基／瑞典／學生

把三十歲當作人生的轉捩點，辭去了BEAMS的工作之後，在芬蘭開店，從事日本家具雜貨販售的中村浩介，拿著語言學校的留學簽證，成立了一間公司。

「只要有心，其實沒想像中的困難。成立公司也只要六十五歐元，如果經營的創意不錯，說不定還能拿到貸款。」

中村浩介／芬蘭／家具、雜貨店經營

日本企業正積極的朝國外擴展業務，每一家公司都在尋找優秀的人才。所以跟我學生時期相比，日本人到國外工作的機會，大約成長了十倍之多。

如此一來，在進行就職、轉職活動時，應該要把眼光放在國外。當然本身也要具備語言能力。譬如，會說英文或中文的話，能夠自己選擇轉職公司、工作類型的幅度，就會增加許多。

除了國外調職外，別忘了還有另一個選項，就是從市中心調職到市郊。

在市郊的公司工作雖然也不錯，但還是建議能在東京設有總公司的分公司任職。通常，總公司與分公司的薪水並沒有太大差異，但居住費用等生活花費，郊區卻便宜許多，居住環境也比較好。實際上，前往北海道、沖繩、福岡赴任的人，有不少人會有「不想回東京」的想法。

以過去的價值觀來說，在東京工作的人，一般都只考慮調職到東京（或通勤圈內）。不過只要稍微改變想法，不但機會變多，也能善加利用都市和郊區的成本差。

我到美國留學時，與父母、朋友之間的聯絡還是依賴信件。要是想打國際電話，說不定每個月會多花十萬日幣。但是現在，就算分隔兩地，不但有e-mail，也有skype，即時的聯絡方法有好幾種。因為距離所產生的成本、負擔和壓力，已經減輕很多了。

別把「喜歡的事情」當作工作

經常會在雜誌上看到「把興趣當作工作」的報導。但我卻不這麼認為。那是因為，如果要讓工作和玩樂，或是和人生沒有界線的話，那麼在一開始就別當它是存在的。

以大輔來說，西式毛鉤釣魚和戶外活動原本就是他的興趣。因為他在紐西蘭過著雙城市生活，再加上過去所具備的行銷能力，在玩樂中，自然而然就變成了他的工作。但並不是從一開始就有此計畫的。

如果生活型態和自我能力可以完美結合的話，有時候興趣也有可能變成工作。

過去我也只是把喝葡萄酒當作興趣而已，然後藉著寫書、演講的媒體管道，以及從工作學得的經營能力，結合所有的條件，「偶然」變成了工作。當然，我完全沒想過葡萄酒會成為我的工作。

以我來說，如果把興趣當成工作的話，喜歡的事也會開始討厭。這是因為喜歡的事情如果跟收益畫上等號，就馬上會變不喜歡。要是一開始就抱著「要從事葡萄酒事業」的心態，肯定不會這麼順利的。

在丹麥訪談過的湯瑪斯．佛羅斯特，他的工作模式就十分完美。

「社會上，有為了生存必須工作，以及因為工作有趣而活著的兩種人。我是因為工作有趣，所以才工作的。」

湯瑪斯．佛羅斯特／丹麥／網頁設計公司

做自己覺得有趣，想去做的工作，當學會了各種工作才能時，才發現興趣已經變成了工作，這應該是最理想的工作型態。

當然也有比較幸福的人，他們的興趣和工作從一開始就是相同的。但我幾乎沒

讓興趣變成工作

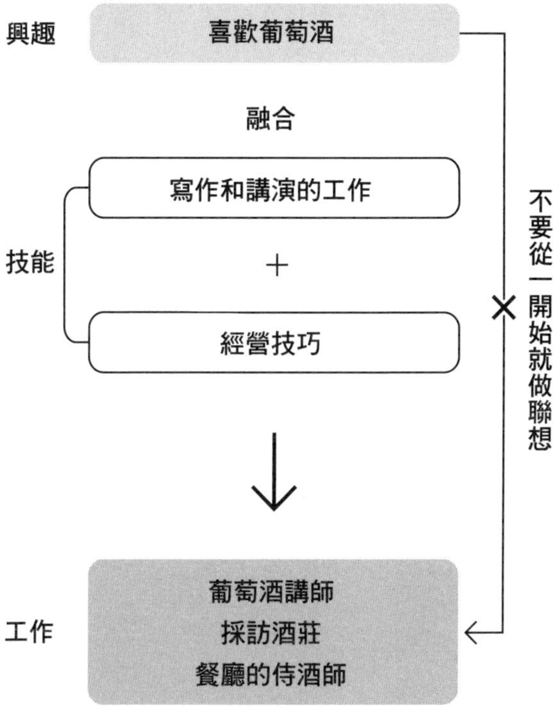

做會帶來成就感的工作，加強本身技能，在不知不覺中，興趣變成工作是最理想的。

看過，尚未想清楚就把興趣當成工作，還能順利成功的案例。

首先，要以**培養個人能力和商業技巧為大前提**。沒有這樣的心理準備，就抱著「做喜歡的事情，討厭的事絕不去做」的想法，那麼就只是在追求眼前的理想，根本沒辦法向前邁進。

不是把興趣「當成」工作，而是讓興趣「成為」工作。

幸福感高比較不容易生病？

「『享受生活的男性』不易罹患腦中風。」

二〇〇九年十月五日的《大阪讀賣新聞》刊登這個報導。

根據厚生勞動省針對十二萬名四十歲至六十九歲的國民進行「是否覺得快樂」的調查，並且持續追蹤十二年，調查結果顯示，不覺得生活快樂的男性要比覺得生活快樂的男性，發生腦中風的機率高出1.22倍，死亡率則有1.91倍。

女性方面，似乎沒有太明顯的差異，但生活愉快的人，也就是幸福感較高的人，比較不容易生病。

從死亡率相差近一倍看來，可見心情對健康影響之大。

過去日本人為了能享受生活，用拚命的工作、買東西來建構出心中的理想生活，認為這就是一種幸福。就像在泡沫經濟時期流行的「能二十四小時持續戰鬥嗎？」，意思就是變成為了公司拚死工作的「企業戰士」是理所當然的。拚命的結果，可能換來薪水上漲，終身雇用，優渥退職金等福利，但到了某個年齡，可能會因過勞、生病而面臨死亡。就某個層面來看，幸福和風險是權衡關係。最後要有所回報，這樣的關係才能成立。

但是現在，就算拚命的工作，薪水和待遇並不會像過去那樣豐厚，而且罹患疾病的風險也提高。我認為，這是需要審慎思考的事實。

到北歐採訪過程中，我遇到了妮娜・可利安達。她曾在（以企業為對象）舉辦各種講座的公司擔任行銷顧問，因為加班非常嚴重，所以從第一天上班開始，她就覺得這不是自己想做的工作。

「想要變幸福，所以雖然只有一個人，還是在湖畔買一間大房子，買一輛汽車，每天開一百公里遠的路到公司上班。因為要承受工作七、八小時的『辛苦』，所以會想盡辦法彌補自己。」

妮娜・可利安達／芬蘭／littala出版

一開始她覺得買房子，買車子，就能平衡一下工作所帶來的辛勞。最後，她似乎有了不同的發現。「我終於明白了，金錢對我來說一點價值都沒有」。後來因為身體狀況變差，反而成為一個契機，她賣掉所有東西，搬到加拿大居住。現在回到芬蘭，住在小房子裡，在陶器製造工廠做壓模的工作。比之前要忙，薪水卻比較低，也沒有車子代步。但因為工作能帶來成就感，所以覺得非常幸福。

當然，不管是過去還是現在，拚命工作都非常重要。但如果追求過去的幸福模式，有可能產生偏誤，不僅沒有回報，甚至連健康都出現問題。過去日本人所認為的權衡已經無法成立。從妮娜的訪談內容，我們可以知道「幸福模式」已經有了改變。

「新簡約」的矩陣圖

從高度經濟成長期到現在為止，日本的幸福模式有了什麼樣的改變？我們將前面所提到的內容，以矩陣圖來補充說明。

請以縱軸是〈富足↔簡單〉，橫軸是〈精神↔物質〉的矩陣圖（參考199頁）來思考吧！

在一九七〇到一九八〇年代，高度經濟成長期所認為的幸福，就像矩陣圖上（1）的位置，物質豐饒也能讓精神充實。可說是不斷添購物品的時代。

等到東西大致買齊了之後，就算物質豐饒，精神方面還是會覺得不滿足（2）。乍看之下，似乎過著富裕的生活，但其實是處於有壓力、緊繃，對將來感到不安的失衡狀態。這個時期，差不多是從泡沫經濟崩壞起，至二〇〇〇年為止。

在近十年來，因為日本的經濟衰退，當然會更不想買東西，指標下降到（3）的位置。因為沒其他辦法，所以只好這麼做，然後回歸到過去所認為的「簡單」。

接下來，我們要去追求的是**「物質簡單，但精神豐富」**，也就是從矩陣圖左下延伸到右上（4）的位置。而這就是**「新簡單」**的幸福模式。

就像「那個人住在很豪華的房子，開著很高級的車」，這種過去的價值觀已變得毫無意義，所以我們才會去選擇「新簡單」的幸福模式。

「新簡單」的矩陣圖

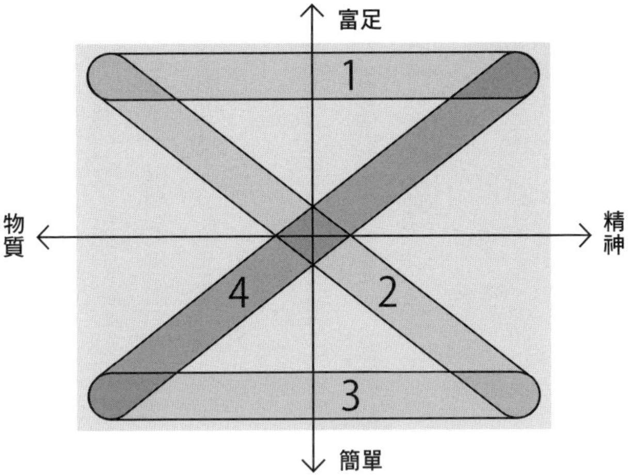

1 高度經濟成長期	物質富足，精神也富足。
2 ～2000年代為止	物質富足，但精神簡單。
3 現在	物質跟精神都簡單。
4 新簡單	物質簡單，精神富足。

！高度經濟成長期～現在為止，日本的幸福模式以1～3的順位改變，現在日本所期待的是，4的「新簡單」。

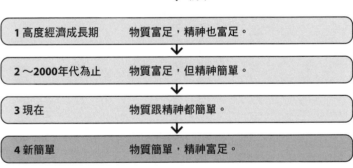

我想，幸福感高的北歐及紐西蘭、澳洲等國家，應該也跟日本經歷了同樣的過程，才到達（4）的這個位置。

譬如，芬蘭的泡沫經濟發生在八〇年代。跟日本相同，社會全體都陷入借錢、貸款的氛圍中。受訪的提姆・莫尼納，他的父親當時經營一家照相館，但受到經濟泡沫化的衝擊，背負了龐大的債務。

「想起八〇年代的孩童時期，家裡不斷有新車可開，家電用品也一直增加。但是當經濟開始不景氣時，什麼都沒有了。從小時候開始，就讓我深刻體會到金錢不是萬能的。」

提姆・莫尼納／芬蘭／作家、翻譯家

芬蘭在二〇〇〇年代，景氣相當的好，但經歷過經濟泡沫化的他們，不會因為物質而覺得幸福，反而開始注重旅遊等精神方面的追求。這就像出生於八〇年代的現在日本年輕人目前的感受。

接下來的日本，會朝哪個方向發展呢？

做出讓「減速生活」也很有趣的選擇

我在書裡一直強調，把拚命工作所賺的錢花掉，像這樣用力「加速」的時代已經結束了，現在慢慢轉變為放鬆的「減速」時代。

所謂的「減速」，曾在二〇〇〇年出版的《浪費的美國人》（*The Overspent American*）一書中出現，根據維基百科的解釋：「與生活樣式有關的社會潮流、傾向之一。將過度的競爭和長時間工作，物質主義、唯物的生活環境從日常生活中排除，突然轉變成悠閒且沒有壓力的生活態度，而此生活態度就是減速生活。」

只是從這個定義來看，或許會以為「減速」就只是放慢速度，給人一種後繼無力的印象。但其他還有像是「已經受夠了工作和職場競爭，所以就算年收入只有原來的一半也沒關係，我想自己開家店」，或是「我不喜歡這個，所以要換成另外一個」這種，因為不得已才做出減速的選擇。

但不應該是這樣的，而是要「選這個會讓我快樂」或「選這個會讓我興奮不已」，應該要自己先做出選擇。說不定不會賺太多錢，但因為很開心，所以會比之前更加賣命。

讀到這裡，我想各位應該已經明白。不論是「減少不必要的物品，過著純樸的生活」或「別被金錢、場所和時間束縛」，如果要做出正向的選擇，就必須要捨棄各種東西，而這就是替未來做出減速的選擇。

因為感到疲倦，不想再拚命工作，想要更多的時間等，如果是因為想逃避而做出選擇的話，那麼你是不可能變幸福的。

從物質豐足到精神充實，幸福模式已經改變了。想讓自己內心悸動，就必須做出選擇。要是沒辦法做到的話，就會繼續過著無趣、樸素的生活，每天只會去抱怨「怎麼這麼無聊」。

有些人因為主管老是找麻煩，所以想要換工作。但為了這消極的理由就想換工作的人，最後可能會有「到了新公司，還是有愛找麻煩的主管。反正兩間公司都差不多，還不如繼續待在之前的公司比較好」的結果。

幸福站在正向選擇的那一邊。

為了能得到快樂，以及人生樂趣，就要「特意」選擇。

然後要減少自己應該做的事，以及擁有的物品。

這就是邁向幸福的捷徑。

圖解
北歐式的自由生活提案

2013年8月初版　　定價：新臺幣250元
2021年7初版第十七刷

著　　者　本田直之
譯　　者　張秀慧
叢書主編　李佳姍
校　　對　陳怡慈
封面設計　王春子

出版者　聯經出版事業股份有限公司
地址　新北市汐止區大同路一段369號1樓
叢書主編電話　(02)86925588轉5320
台北聯經書房　台北市新生南路三段94號
電話　(02)23620308
台中分公司　台中市北區崇德路一段198號
暨門市電話　(04)22312023
郵政劃撥帳戶第0100559-3號
郵撥電話　(02)23620308
印刷者　世和印製企業有限公司
總經銷　聯合發行股份有限公司
發行所　新北市新店區寶橋路235巷6弄6號2F
電話　(02)29178022

副總編輯　陳逸華
總編輯　涂豐恩
總經理　陳芝宇
社長　羅國俊
發行人　林載爵

行政院新聞局出版事業登記證局版臺業字第0130號

本書如有缺頁，破損，倒裝請寄回台北聯經書房更換。　ISBN 978-957-08-4246-3 (平裝)
聯經網址 http://www.linkingbooks.com.tw
電子信箱 e-mail:linking@udngroup.com

國家圖書館出版品預行編目資料

北歐式的自由生活提案/本田直之著．張秀慧譯．
初版．新北市．聯經．2013年8月（民102年）．208面．
13×18.8公分（圖解）
ISBN　978-957-08-4246-3（平裝）
[2021年7月初版第十七刷]

1.生活水準　2.北歐

542.5947　　　　102015105